शौर्य गाथा

"एक नवजन्मे पिता की डायरी"

विवेक कुमार जैन

BlueRose ONE.com
Stories Matter
NewDelhi • London

BLUEROSE PUBLISHERS
India | U.K.

Copyright © Vivek Kumar Jain 2024

All rights reserved by author. No part of this publication may be reproduced, stored in a retrieval system or transmitted in any form or by any means, electronic, mechanical, photocopying, recording or otherwise, without the prior permission of the author. Although every precaution has been taken to verify the accuracy of the information contained herein, the publisher assume no responsibility for any errors or omissions. No liability is assumed for damages that may result from the use of information contained within.

BlueRose Publishers takes no responsibility for any damages, losses, or liabilities that may arise from the use or misuse of the information, products, or services provided in this publication.

For permissions requests or inquiries regarding this publication, please contact:

BLUEROSE PUBLISHERS
www.BlueRoseONE.com
info@bluerosepublishers.com
+91 8882 898 898
+4407342408967

ISBN: 978-93-5989-253-5

Cover design: Tahira
Typesetting: Tanya Raj Upadhyay

First Edition: March 2024

शौर्य के लिए.

वीर के लिए.

शौर्य के दादा-दादी, नाना-नानी के लिए.

दुनिया के समस्त पिताओं के लिए.

यह पुस्तक विवेक के द्वारा अपने पुत्र शौर्य का बचपन शब्दों में समाहित करने का प्रयास है. सोशल मीडिया पर विवेक इसे #शौर्य_गाथा हैशटैग से पब्लिश करते रहे हैं.

हिन्दी भाषा में इस तरह का प्रयास विरले ही है, इसलिए यह अनूठा और अद्वितीय भी है. पिता का पुत्र के प्रति स्नेह का इस रूप में संचयन अत्यंत ही अप्रतिम है. पुत्र के प्रति वात्सल्य शौर्य गाथा में अविरल प्रवाहित हुआ है. इस महत्त्वपूर्ण और अतुलित पुस्तक के लिए विवेक को बहुत-बहुत शुभकामनाएँ और बधाई.

-- सांत्वना श्रीकांत

इन गद्यांशों में मैंने अपने पुत्र को 'भाईसाहब' से सम्बोधित किया है. दरअसल हमारे बुंदेलखड में बड़े पुत्र का नाम नहीं लिया जाता है. बचपन में मुझे भी पूरा गांव भैया/भैज्जा कह सम्बोधित करता था. गद्यांशों में भी इसी प्रचलन का प्रयोग किया है. हालाँकि सामान्यतः हम उसे नाम से ही पुकारते हैं.

--विवेक

'तुम्हें अकेले सम्हाल पाऊंगा कि नहीं' से अकेले सम्हालने लगा हूं, 'तुम पर कुछ कब लिख पाऊंगा' से कुछ कुछ लिखने लगा हूं, तुम्हारे ' प... प्पा... पा' बोलने तक में मैं भी नए नए बाप बनने से पूरा एक साल पुराना पिता हो गया हूं... तुम्हारे जितना पुराना ही पिता हूं. नया-नया जिम्मेदार हुआ हूं.

कुछ कुछ सीख रहा हूं, समझ रहा हूं. तुमसे, तुम्हारे होने से अभी बहुत कुछ सीखना बाकि है. 🖤

आरम्भ

आप ये पढ़ रहे हैं तो इसका मतलब है आपने इस किताब को शुरू से पढ़ना शुरू किया है. वैसे आप इसे कहीं से भी पढ़ना शुरू कर सकते थे. इस किताब में कुल पचासी 'गाथाएं' हैं जिन्हें मैंने एक या दो पन्नों में ख़त्म करने की कोशिश की है, जिससे कि आप जिस पन्ने से पढ़ना चाहें वहां से शुरू कर पाएं.

इस किताब के पन्नों को पढ़कर यदि आपको अपना या अपनी संतान का बचपन याद आने लगता है, गुदगुदाने लगता है तो इस किताब के आपके हाथों में होने की सार्थकता होगी. अगर यह किताब आपको कुछ लिखने पर मजबूर कर देती है तो यह लेखक की कलम की सार्थकता होगी.

उम्मीद है ये 'गाथाएं' आपको पढ़ने के कई दिन बाद तक गुदगुदाती रहेंगी. शुक्रिया.

--विवेक

अ

1.

'His First Painting'

जब आप ऑफिस से घर आते हैं तो पता चलता है कि आपके बेटे में हिडन टैलेंट भी है, वे आगे चलकर बहुत बड़े पेंटर साबित होने वाले हैं. उन्होंने अपना हुनर दिखाते हुए अपना पहला स्केच भी बनाया है, जो किसी कलाप्रेमी की नज़र में मॉडर्न आर्ट का एक बेहतरीन नमूना हो सकता है.

जब आप उनसे पूछते हैं कि आपने दीवार को गंदा क्यों किया? तो उनके एक्सप्रेशंस होते हैं: 'What! Where?'

2.

भाईसाहब अभी कोई 2-3 दिन पहले ही कुल जमा डेढ़ साल के हुए हैं. इनकी मम्मा ने इन्हें 'प्यारे प्यारे पापा' कहना सिखा दिया है. अब आप ऑफिस से आते हैं तो अपनी भाषा में 'प्याये पापा' कह कर चिपक जाते हैं. झूठ झूठ गुस्सा करो तो 'प्याये प्याये पापा' कहकर पापा का गाल खिला-खिलाकर मनाने लगते हैं.

3.

भाईसाहब ने 'हाथी दादा कहां चले...' rhyme को यूट्यूब से सुन सुन कर हाथी दादा कहना सीख लिया है. अब जब भी हाथी दादा की फोटो सामने आती, वीडियो आता है या खुद ही हाथी दादा सामने आ जाएं तो ये 'हाती दादा....', 'हती दादा...' चिल्लाने लगते हैं.

साहब हाथी दादा को देख उनके पास जाने की जिद कर रहे हैं... तकरीबन एक घंटे से. जब पास ले जाया गया तो डर कर मम्मा... मम्मा... कह मम्मी से चिपक गए.

उनका हाथी दादा के प्रति प्यार और हाथी दादा के पास जाने पर डर दोनों ही देखने लायक हैं.

4.

भाईसाहब 8 बजे सो जाते हैं और फिर रात साढ़े ग्यारह बजे जागकर 'पापा... दूध', 'पापा... मम्मा... दूध' चिल्लाने लगते हैं. मम्मा ऑफिस से थककर आई हैं, इसलिए घोड़े बेच के सो रही हैं. बेचारे पापा जाग जाते हैं, किचन जाते हैं. भाईसाहब पीछे पीछे हो लिए हैं. किचन में जो भी बर्तन रीच में है उसे उठा घूम रहे हैं. दो बर्तन मिल गए हैं तो बस रात में इनका म्यूजिक इंस्ट्रूमेंट तैयार है, तरह तरह की धुन बजाई जा रही हैं. पापा ने दूध गर्म कर लिया है, तब तक इनका बर्तनों को बजा बजा, नई धुन निकाल निकालकर घर का चौथा चक्कर भी लग गया है. अब आप उनके पीछे- पीछे दौड़ के दूध पिला रहे हैं, साथ में 'ठन... ठन...' का म्यूजिक भी बज ही रहा है. आप उन्हें पकड़ते हैं, बर्तन छीनते हैं और जबरदस्ती दूध पिलाना शुरू करते हैं. 2- 3 घूंट पीते पीते भाईसाहब रोना शुरू कर देते हैं, जैसे किसी ने इन्हें जोर से पीटा हो. बस इतने शोर में मम्मा जाग जाती है. "क्या यार विवेक मैं ऑफिस से थककर आई हूं, थोड़ा सा तो ख्याल रख लो. कहां चोट आई है बेटा?"

पापा मन ही मन सोचते हैं कि 'क्या वो थककर नहीं आए हैं?' खैर! भाईसाहब का रोना बंद हो गया है, मम्मा की आवाज सुनते ही. अब वो पापा को तरफ देख देख मुस्कुरा रहे हैं, जैसे उनने पापा को डांट पिलाकर के अपना गोल (Goal) अचीव कर लिया हो.

5.

पापा कुछ लिख रहे हैं इसलिए भाईसाहब पास आ गए हैं. अब उन्हें भी लिखना है. उन्हें कॉपी पेन दे दिया गया है, अब पापा लिखना छोड़ उन्हें देख रहे हैं. पापा ने उनका हाथ पकड़ा और अपना नाम लिख दिया और कहा कि 'अब आप लिखिए.' भाईसाहब ने अपनी भाषा में कुछ लिखा है, जो पापा का नाम तो बिलकुल नहीं है. जिसे पढ़ने शायद भगवान को धरती पे उतरना पड़ेगा.

खैर, अब उन्हें दूसरा पन्ना चाहिए. पहले वाले पे पूरा लिख चुके हैं, या यूं कहें कि लिखकर ऊब चुके हैं. खुद से कॉपी को पलटा जाता हैं. पापा मना करते हैं, भाईसाहब गुस्से का इज़हार करते हैं. पापा उन्हें समझाते हैं कि पेपर पेड़ से बनते हैं और पापा पेड़ बचाते हैं इसलिए पेज खराब मत कीजिए. लेकिन भाईसाहब गुस्से में 'मम्मा... मम्मा...' चिल्लाकर 'बैकअप फोर्स' मंगाने लगे हैं. थककर पापा ने पन्ना उलट के दूसरा पन्ना भी सुपुर्द-ए-भाईसाहब कर दिया है.

अब भाईसाहब दूसरा पन्ने पे भी अपनी भाषा में कुछ लिखकर बहुत खुश हैं. हंस रहे हैं.

पापा इसलिए खुश हैं कि बैकअप फोर्स आने के पहले ही उन्होंने स्थिति सम्हाल ली है और आज दीवारें भी उच्च स्तर की पेंटिंग का कैनवास बनने से बच गईं हैं.

शौर्य गाथा

6.

भाईसाहब का पर्सनल गैराज है. इसमें इतनी गाडियां हैं जितनी पापा मम्मा के पास मिला कर भी नहीं हैं. एक घोड़ा भी है जिसपर भाईसाहब कभी कभी हॉर्स राइडिंग पर निकलते हैं, एक हाथी भी है जो मॉल में जोर- जोर से 'हाती ददा...', 'हाती दादा...' चिल्ला-चिल्लाकर रोकर खरीदा गया है. यह दौड़ता नहीं है, लेकिन भाईसाहब इसे रेंगा जरूर लेते हैं. बाकि की गाडियां, ट्राइसिकिल, बाइसिकिल इत्यादि के अलावा अब डिमांड एक बाइक की है. चाचू ने 'बडूम... बुडूम...' की आवाज निकाल गाड़ी-गाड़ी कहना सिखा भी दिया है. भाईसाहब एक बार टेस्ट ड्राइव भी ले चुके हैं. अब बस एक बार और मॉल जाने की दरकार है और फिर वही रो-रोकर चिल्लाकर ब्लैकमेलिंग शुरू हो जाएगी और इनके गैराज में बाइक का भी इज़ाफ़ा हो जाएगा.

7.

भाईसाहब जब अपने भाई से अगस्त में मिले थे तो भाई पर अत्यधिक प्यार बरसाया था. इतना कि मम्मा से बार बार बोल रहे थे कि भाई को भी गोदी ले लो. लेकिन भाई तो छोटे हैं, भले ही तीन महीने सही. तो भाई ने एक बार जोर से एक टॉय कार हाथ से घुमाई और भाईसाहब की नाक के ऊपर हल्का कट लग गया. लेकिन मजाल की भाईसाहब ने गुस्सा किया हो. वो उतना ही प्यार बरसाते रहे.

भाईसाहब में अभी से बड़प्पन आ गया है. उनसे बड़े पर भले ही गुस्से में वो हाथ उठा दें लेकिन छोटो को उनकी गलती पर भी माफ कर देते हैं. 😃

भाईसाहब अब फिर से दीपावली पर भाई से मिलेंगे. मम्मा पापा की प्लानिंग ये है कि फिर से भाईसाहब या भाई चोटिल न हो जाएं, इसलिए दोनों बच्चों का ख्याल रखा जाएगा. लेकिन दोनों के भ्रातृ-स्नेह का असली पता तो अब दीपावली पर ही चलेगा.

8.

भाईसाहब को पापा नहला रहे हैं. भाईसाहब ज्यादा खुश नहीं हैं. उन्हें पानी में 'फच्च... फच्च...' करना अच्छा लगता है और पापा हमेशा मना करते हैं. थोड़ी देर में चाचू आ जाते हैं और नहलाने का ऑफर देते हैं. चाचू को देख भाईसाहब बहुत खुश हैं. पापा तुरंत 'हां' कर देते हैं. अब चाचू भाईसाहब को नहला रहे हैं और भाईसाहब बड़े खुश हैं, इतना कि इनकी हंसी सुन सुनकर घर के बाकि लोग वाशरूम के बाहर खड़े हो गए हैं. भाईसाहब ने बहुत ज्यादा फच्च... फच्च... किया है, चाचू थोड़े भींग गए हैं लेकिन नहलाकर बड़े सुकून में हैं. भाईसाहब चाचू से भी ज्यादा खुश हैं, उन्हें उनके मन का करते हुए नहलाया गया है.

चाचू अनुसार सुरेंद्र झा 'सुमन' जी के शब्दों में कहें तो दृश्य कुछ इस तरह का रहा –

"दाख मधुर, मधु मधुर पुनि मधुर सिता रस घोल

ताहू सँ बढ़ि - चढ़ि मधुर लटपट तोतर बोल.

अद्भुत शिशु-संसार ई जतय अबोधे बुद्ध

अक्षर अक्षर क्षरित जत अटपट भाषे शुद्ध.

लुलितकेश, तन नगन, मन मगन, धूसरित पूत

राग द्वेष लव लेश नहि शिशु अद्भुत अवधूत."

9.

भाईसाहब लीलाधर हैं. उनकी लीलायें देखकर ऐसा लगता है कि बस देखते ही रहें. तीन चार दिन से सर्दी ज़ुकाम से पीड़ित थे, आज कुछ राहत में हैं. राहत मिलते ही लीलायें शुरू हो गई हैं. रात के पौने ग्यारह बज रहे हैं और भाईसाहब की आंखों में नींद नहीं है. उनको सुलाने के सारे जतन किए जा चुके हैं और सारे ही व्यर्थ गए हैं. थककर पापा बोलते हैं 'बेटा, अब हम थक गए हैं और आपको सुलाने के चक्कर में हमें Headache भी होने लगा है.'

भाईसाहब ने ये सुना और पापा के पास आए और पापा के गाल पर प्यार से हाथ फेर बोले ' प्याये.. प्याये.. पापा', फिर बड़े जतन कर भाईसाहब पलंग से नीचे उतर गए हैं. जबतक हम कुछ समझ पाएं उसके पहले ही ड्रेसिंग टेबल पर रीच में आई कोई सी शीशी उठा लिए हैं. बड़े जतन से फिर बेड पर चढ़े हैं.

जैसा हम उनकी मालिश करने के लिए तेल की शीशी को उल्टा कर हथेली में तेल लेते हैं वैसे ही उन्होंने बंद शीशी को किया और पापा के पास खड़े होकर पापा के सर की मालिश शुरू कर दी है. पापा मम्मा उनकी यह लीला देख हंस देते हैं और उन्हें रोकते हैं लेकिन वे मानने को तैयार नहीं हैं. पापा को सरदर्द है और कुल उन्नीस महीने के हमारे श्रवणकुमार सेवा में लग गए हैं.

उनकी नन्हीं कोमल हथेलियों का स्पर्श बहुत प्यारा लग रहा है इसलिए पापा भी थोड़ी देर उन्हें ये करने देते हैं. थोड़ी देर वह मुस्कुरा कर करते रहते हैं और फिर कहते हैं ' फि..नि...च्छ' (Finish). नया शब्द है जो अभी अभी ही सीखा है.

लेकिन अब मम्मा को भी उनकी लीला का लालच आ गया है. उनकी इस हरकत पर किसी को भी आ सकता है. इसलिए मम्मा बोलती है बेटा मेरे पांव में भी दर्द है... और भाईसाहब उनके पांव की मालिश करना चालू कर देते हैं. मम्मा उन्हें पकड़कर जोर से गले लगा लेती है. 😊

10

इनकी मम्मा मुझे आवाज दे रही हैं 'विवेक... विवेक...' मैं मोबाइल में घुसा हुआ हूं इसलिए सुन नहीं पाता हूं. इतने में भाईसाहब एक्टिव हो जाते हैं. दूर से चिल्ला कर कहते हैं 'वि.. दे.. त.. मम्मा बुलाई.' मैं उनके बोलने पर हंस देता हूं लेकिन जानबूझकर इग्नोर करता हूं तो ये फिर से आवाज देते हैं 'विदे.. त.. मम्मा बुलाई' अब मैं इनकी ओर देखता हूं और भाईसाहब क्यूट सी स्माइल करते हुए कहते हैं 'पा..पा.., पा..पा.. वि.. देत.'

अब मम्मा इन्हें मोरल एजुकेशन का पाठ पढ़ाती हैं, 'पापा को पापा कहते हैं नाम नहीं लेते.' इतने में मैं बोल देता हूं 'निधि... निधि...' और भाईसाहब शुरू हो जाते हैं 'नि.. धी... पापा बुलाई.' 😃

अब मम्मा मुझे घूर रही हैं. 😊

11.

भाईसाहब की गुड मॉर्निंग हो गई है. मम्मा ने ढेर सारे Kisses भी दे दिए हैं. अब भाईसाहब को बालकनी से चिड़िया देखनी है इसलिए बोलते है 'चिईया' (चिड़िया). पापा उन्हें बालकनी तक लेकर जाते हैं. भाईसाहब को दो-तीन तोते दिखते हैं, दो-तीन कबूतर दिखते हैं. 'ये... ये...' करके भाईसाहब उनके बारे में पूछते हैं. अब भाईसाहब बोर हो गए हैं इसलिए बोलते हैं 'तओ' (चलो). उनको दूसरी बालकनी में ले जाया जाता है, वहां भी वे चिड़िया देखते हैं. एक कबूतर खिड़की में बैठी हुई है, शायद अंडे सै रही है. भाईसाहब पूछते हैं ये... पापा ज्ञान बघारते हैं कि इसे रॉक पिजन बोलते हैं, जिसका साइंटिफ नेम Columba livia है. भाईसाहब ज्यादा नहीं समझते हैं सीधा फिर से पूछते हैं 'ये...'

अब पापा बताते हैं कि जैसे आपकी मम्मा केयर करती है वैसे ही वो भी अपने बच्चो को केयर कर रही है. सुनकर भाईसाहब किचन की तरफ दौड़ जाते हैं और मम्मा को Hug कर लेते हैं. 😀🫂

12.

हल्के जाड़े वाली बड़ी खुशनुमा सी सुबह है. भाईसाहब की गुडमॉर्निंग हो गई है. जागते ही स्माइल करते हुए बोलते हैं, 'पापा...' सुबह और खुशनुमा लगने लगती है.

मैं उन्हें उठाकर Hug करता हूं और दो तीन बार चूमने के बाद बोलता हूं 'हैप्पी चिल्ड्रें'स डे बच्चा.' वो बदले में गले के दोनों तरफ बाहें डाल देते हैं, फिर बोलते है 'पापा... प्यायें पापा...' अब सुबह और भी अधिक खूबसूरत लगने लगती है. जैसे सूरज लालिमा लिए धीमे धीमे आसमान चढ़ रहा हो, जैसे हवाओं संग कमरे में खुशबू फैल गई हो.'

मैं मुस्कुराते हुए लगभग उन्हीं के लहजे में बोलता हूं 'हम्म...' वो गर्दन मटका कर बोलते हैं 'पापा पुट्टी आई... पुट्टी (Potty).'

... और पापा को एहसास होता है कि हवाओं में जो फैल रही थी, वो खुशबू नहीं थी, कुछ और था.😀😁

13.

भाईसाहब की मम्मा और दादी बाहर गए हुए हैं. भाईसाहब को सुला दिया गया है. पापा के जिम्मेदारी उनका ध्यान रखने की है. पापा हॉल में जाकर अपनी फेवरेट किताब 'आग का दरिया' उठा लेते हैं.

एक घंटे बाद भाईसाहब की आवाज आती है.वो जाग गए हैं. पापा उन्हें लेकर किचन जाते हैं, दूध गर्म करते हैं

भाईसाहब दूध पीने से इंकार कर देते हैं. 'मम... मम...' बोलकर पानी की ओर इशारा करते हैं. पापा पानी पिलाते हैं.

अब फिर से भाईसाहब को सुलाना बड़ा टास्क है. पापा उन्हें लिटाते हैं, समझाते हैं कि 'वो अब बड़े हो गए हैं, खुद से सो सकते हैं.'

भाईसाहब पापा से चिपक कर लेट जाते हैं, फिर पेट पर चढ़कर सोते हैं, फिर उतर कर चिपक कर लेटे हैं. पापा थोड़ा भी इधर उधर हिलते हैं तो वो पापा को और कस के पकड़ कर चिपक जाते हैं. मम्मा के साथ ये रोज ऐसे ही सोते हैं लेकिन पापा के साथ पहली बार है. पापा को अंदर से बहुत खुशी महसूस हो रही है, अलग सा एहसास जो शब्दों में यहां बयां नहीं किया जा सकता.

पापा भी 'आग का दरिया' दरिये में डाल उनसे चिपक सो जाते हैं.

रात बारह बजे पापा की आधी सी आंखे खुलती हैं. सामने दादी और मम्मा खड़े बोल रहे हैं "घर के सारे दरवाजे खुले हुए हैं... किचन में दूध खुला पड़ा है... बिलकुल ध्यान नहीं रखते... ब्लाह... ब्लाह..."

पापा उनको देखते हैं, मुस्कुराते हैं, चिपक के सोये भाईसाहब को चूमते हैं और फिर पूरी आंखे बंद कर सो जाते हैं.

पापा नींद में भी उसी अद्भुत एहसास में हैं. 😊

14.

भाईसाहब की मम्मा की दोस्त आई हैं. साथ में 9 महीने की बहुत प्यारी सावी भी है. सावी बहुत क्यूट है, मम्मा उसे तुरंत प्यार करती हैं, पापा उसे गोदी में उठा लेते हैं. ये सब भाईसाहब देख रहे हैं. भाईसाहब पजेसिव हो जाते हैं, तुरंत गुस्से का इज़हार करते हैं. मम्मा-पापा मुस्कुरा देते हैं.

इनकी आया के पास ये पापा-मम्मा को मौजूदगी में कम ही जाते हैं लेकिन जैसे ही सावी को उन्होंने लिया और ये भी दूसरे कंधे पे टंग गए हैं. सबकी हंसी छूट जाती है.

भाईसाहब ने सावी के साथ खेलना शुरूर कर दिया है. फ्रेंडशिप कर ली है. कुछ देर में सावी अपने मम्मा-पापा साथ वापस जा रही है और ये दुःखी हो रहे हैं. इतने में पापा ने सावी को गोद में ले लिया है, अब भाईसाहब फ्रेंड के जाने से दुःखी होना छोड़ पापा की गोद के लिए मचलने लगे हैं, इतना कि पापा को सावी को छोड़ इन्हें गोद लेना पड़ा है, तबतक इन्होंने दो चार आंसू तक बहा दिए हैं.

भाईसाहब आजकल पापा-मम्मा को लेकर बड़े पजेसिव हैं. उसूल है 'दोस्ती पक्की पर पापा-मम्मा अपने-अपने.' 😄😊

15.

भाईसाहब को रात 8 बजे से 10 बजे तक सुलाने की पूरी कोशिशें की जा चुकी हैं लेकिन भाईसाहब तो भाईसाहब हैं, 'यदा मनः तदा कर्म.' इसलिए वो उछल कूद में ही लगे हुए हैं.

अब मम्मा उन्हें कुछ खिला रही हैं, पापा मम्मा को दृश्यम-2 देखने जाना है इसलिए दृश्यम के रिवीजन के लिए टीवी साथ में देखी जा रही है.

मम्मा पापा से बोलती हैं, 'यार विवेक, इन्हें पीने पानी ले आओ न.' पापा अजय देवगन की 'दो अक्टूबर वाली कहानी' में उलझे हैं, टीवी पर आंख गड़ाए रहते हैं.

अब भाईसाहब मम्मा की गोदी से उठते हैं, पापा के पास आते हैं, पापा का हाथ पकड़ते हैं और तेज आवाज में बोलते हैं 'वि.. देत.. पानी ताओ... पानी...'

पापा मम्मा की हंसी छूट जाती है. पापा पानी लाते हैं, भाईसाहब अपनी छोटी सी चोंच डालकर पानी पीते हैं. पापा उनसे पूछते हैं 'ठीक है?' भाईसाहब बोलते है 'ती..क... है'

रात 11.30 बज गए हैं. भाईसाहब अपनी कार में बैठ हॉल में घूम रहे हैं, पापा मम्मा उनके थकने का इंतजार कर रहे हैं.

16.

भाईसाहब के दादू आए हैं. अब वो मम्मा पापा को भी भूल गए हैं. अगर उन्हें साइकिल से उतरना है तो भले ही मम्मा पापा पास हों, आवाज आती है 'दा..दू...' बाहर झूले पे जाना है तो भी दादू ही लेकर जाएंगे, ग्राउंड में साइकिल चलाना है तो भी आवाज दादू को ही दी जायेगी 'दादू त..ओ.., दादू त..ओ...'

दादू भी उन्हें खुद की थकान भूलकर घुमाते रहते हैं.

कभी-कभी भाईसाहब पापा नाम लेकर 'वि..देत...' बोलते हैं अब दादू को भी उनसे क्यूट और तोतली आवाज में अपना नाम सुनने की इच्छा है. चाचू उन्हें दादू का नाम लेना सिखा रहे हैं. वो 1-2 दिन में सीख भी गए हैं. अब उन्हें किसी बात पर दादू की जरूरत है, वो चिल्लाते हैं 'दा..दू...' दादू सुन नहीं पाते हैं तो जोर से चिल्लाते हैं 'दादू... दा..दू... वि.. ब.. ल...' हम सब लोटपोट हो रहे हैं. चाचू और पापा को हंस हंसकर पेटदर्द हो गया है.

दादू ने भाईसाहब को खुशी से गोद में उठा लिया है और ढेर सारा प्यार कर रहे हैं और भाईसाहब की हंसी रूक नहीं रही है.

17.

भाईसाहब पापा की गोद में बैठे हुए हैं. मम्मा को ऑफिस से आने में देरी हो गई है, तब तक पापा भाईसाहब का मन बहला रहे हैं. मम्मा आती है, भाईसाहब दौड़ के मम्मा की गोदी चढ़ जाते हैं, गले में हाथ डाल लेते हैं. मम्मा बहुत सारी चुम्मी देती है, भाईसाहब मम्मा के गाल हाथों में ले लाड़ जताते हैं. फिर भाईसाहब एक हाथ मम्मा के गले में ही डाल, दूसरे हाथ से पापा को पास बुलाते हैं. पापा पास आते हैं, भाईसाहब अपना हाथ पापा के गले में डालते हैं और अपना गाल पापा की तरह कर बोलते है 'ये...ये...' मतलब आप भी चुम्मी लो मेरी.

फिर पापा मम्मा एक साथ दोनों गालों पर चुम्मी देते हैं और भाईसाहब खुश हो जाते हैं.

18.

पापा ऑफिस से आए हैं, भाईसाहब सो रहे हैं. कुछ देर में भाईसाहब जागते हैं और पापा को hug कर लेते हैं. उन्हें जागते ही पापा पर बहुत लाड़ आ रहा है.

पापा अब तक की सबसे टफ टास्क - भाईसाहब को गोद में लेकर सीताफल खिलाने में संलग्न होते हैं. हर पॉड के बीज से दल को अलग कर भाईसाहब को खिलाना होता है. साथ में पापा भी खा रहे हैं. दोनों मिलकर 4-5 सीताफल चट कर जाते हैं.

मम्मा ऑफिस से आती है, दृश्य देख पापा को डांट पड़ती है. भाईसाहब को सर्दी जल्दी हो जाती है और शाम में सीताफल खिलाया जा रहा है! थोड़ी थोड़ी सर्दी तो उन्हें अभी भी है.

भाईसाहब मम्मा के पास जाते हैं और मम्मा से सीताफल की ओर हाथ से इशारा कर बोलते हैं ' मम्मा औल ताहिए.' पापा की हंसी निकल जाती है, मम्मा उन्हें लुक देती हैं.

रात में भाईसाहब को खांसी होती है, पापा पर डांट पड़ती है. अगले दिन डॉक्टर साहब सर्दी खांसी का कारण शाम में फल खाना बोलते हैं, पापा पर फिर डांट पड़ती है. दो दिन बाद दादू आते हैं, भाईसाहब को बीमार देखते हैं और पापा को फिर डांट पड़ती है.

पापा अकेले में भाईसाहब के पास जाते हैं उनसे रिक्वेस्ट करते हैं 'बेटा आप जल्दी ठीक हो जाओ नहीं तो मैं डांट ही खाता रहूंगा.' भाईसाहब बोलते हैं 'ओते पापा.'

बेचारे पापा ने घर में सीताफल लाने से ही तौबा कर लिया है.

19.

भाईसाहब माउंटेनियर हैं. बड़े होकर एडमंड हिलेरी या मध्यप्रदेश गौरव मेघा परमार बनेंगे. चाचू जब भी आते हैं उनके साथ क्लाइंबिंग शुरू कर देते हैं. चाचू के पैर-पिट्टू पर से चढ़ कंधे तक जायेंगे और बस फैन, हैंगिंग लैंप आदि छूने की कोशिश करेंगे.

'थो.. तू.. तातु.. त..ओ...' (छोटू चाचू... चलो) और शुरू हो जाते हैं. बिचारे चाचा थक जाएं लेकिन भाईसाहब का एनर्जी लेवल कम नहीं होता है.

चाचू के बचपन से भाईसाहब की हरकतें इतनी मिलती- जुलती लगती हैं कि कोई भी कह सकता है कि ये चाचू के पक्के वाले भतीजे हैं.

20.

रात के साढ़े ग्यारह बज रहे हैं, मम्मा-पापा दोनों को नींद आ रही है और भाईसाहब अभी भी एक्टिव हैं. सीलिंग फैन की और इशारा कर बोलते हैं, 'पापा, वो?' पापा उन्हें बताते हैं कि 'ये फैन है, गर्मी में काम आता है.' अब वो दूसरे फैन की और इशारा करते हैं 'पापा. वो?' पापा फिर वही जवाब दोहराते हैं. अब ये अपने छोटे-छोटे पांव से बेड से नीचे उतर ठन्डे फ्लोर पर आ गए हैं. पापा उन्हें मोज़े पहनने के लिए कहते हैं वो जवाब देते हैं, 'नहीं पापा, नहीं.' पापा उन्हें पकड़ कर फिर से बेड पे रखते हैं, भाईसाहब फिर से पूरी ताकत लगाकर अपने को पापा से छुड़ा लेते हैं और फिर से वही काम शुरू.

बेचारे पापा-मम्मा को डर है कि इन्हें सर्दी न हो जाये. भाईसाहब को बेड पे चढ़ाने की वही कोशिश मम्मा भी दो बार करती हैं और मामला सिफर रहता है. इन्होंने आईने में खुद को देखना शुरू कर दिया है. खुद को देखकर कहते हैं 'पापा, वो?' पापा जवाब देते हैं कि 'ये आप हैं.' भाईसाहब अपनी छोटी सी उंगली मुंह पर रखकर बोलते हैं 'अ..त्छा...'

पापा दूध गर्मकर लाते हैं, मम्मा बार-बार मोज़े पहनाती है. भाईसाहब न दूध पीते हैं, न मोज़े ही पहनते हैं.

अंत में थककर मम्मा रूम की लाइट बंद कर देती है और बोलती है 'लाइट गई शौर्य.' भाईसाहब अँधेरे में ही बोलते हैं 'पापा लाइ.. त... गई... लाइ.. त...'

पापा उन्हें उठाते हैं, रजाई में छिपाते हैं और कहते हैं 'बेटा, अँधेरा हो गया है अब सो जाओ.' भाईसाहब 'ओते पापा' कहते हैं.

पापा घड़ी देखते हैं. भाईसाहब को सुलाते सुलाते डेढ़ बज गया है. मम्मा बेचारी इम्पोर्टेन्ट फाइल पढ़ सुबह चार बजे सोती है.

21.

सुबह के नौ बज रहे हैं पापा मम्मा ऑफिस के लिए तैयार हो रहे हैं. ब्रेकफास्ट में परांठे और दही है. पापा-मम्मा खाना शुरू करते हैं, अभी-अभी जागे भाईसाहब पूरे घर के एक-दो राउंड लगाने के बाद पास आते हैं. बोलते हैं 'ये चा.. इये...' पापा उन्हें उठाकर उनकी चेयर पर बिठा देते हैं. भाईसाहब की थाली लगाते हैं, परांठे का टुकड़ा मुंह में डालते हैं. भाईसाहब कौर उगल देते हैं. कहते हैं 'नइ पापा..नइ..' मतलब उन्हें ये नहीं खाना है.

अब भाईसाहब के हाथ में चम्मच है और भाईसाहब शुरू हो गए हैं. टारगेट सिर्फ दही है. दही इनका फेवरेट है. आधा दही मुंह में, आधा कपड़ों पर है. बिलकुल कान्हा लग रहे हैं. पापा बोलते हैं 'बिल्कुल कन्हैया कुमार लग रहे हो.' मम्मा पापा को टोकती है 'नो पोलिटिकल टॉक एट होम.' पापा को एहसास होता है कि गलती से उन्होंने राजनेता का नाम ले दिया है पापा गलती सुधारते हैं 'बेटा बिल्कुल माखनचोर लग रहे हैं. ठीक है शौर्य?' 😀 भाईसाहब बोलते हैं 'ती..क... है'

छोटे से कान्हा कि हरकतें देख देख ख़ुशी तो बहुत हुई है लेकिन समय इतना हो गया है कि पापा-मम्मा बेचारे तेज़ी से तैयार हुए हैं, जल्दी जल्दी भाईसाहब को नहलाया गया है और बेचारे पापा बिना नहाये ही ऑफिस निकल गए हैं. गीज़र चालू छूट गया है, जिसके लिए शाम में बेचारी मम्मा को नानी की डांट पड़ती है.

22.

भाईसाहब ने पहला प्रयुत्तर (Reply) दिवाली के समय अक्टूबर में दिया था. जब इनसे पूछा गया कि 'खाना कैसा लग रहा है?' भाईसाहब ने अप्रत्याशित रूप से कहा 'अच्छा'. हम सब दादा-दादी, पापा-मम्मा, चाचा-चाची, छोटू चाचू बहुत हंसे. अब भाईसाहब दो महीने बाद कुल इक्कीस महीने के हो गए हैं और हाथों में नहीं आते हैं. बोलना तो इतना लगे हैं कि हर प्रश्न का जवाब इनके पास होता है. मसलन पूछो 'क्या खाओगे?' जवाब आएगा 'दूद बिस्सिट' (दूध बिस्किट). 'क्या ये गेम खेलेंगे?' 'नहीं.. पापा नहीं...' और जाने क्या क्या...

एक बार तो हद हो गई. भाईसाहब पापा-मम्मा के साथ मार्केट गए थे. लौट कर आए और मम्मा से बोले 'की..स.., की..स..' (Keys) मतलब इन्हें घर की चाबियां चाहिए. मम्मा ने चाबी दे दी है, अब भाईसाहब दरवाज़े पर जाते हैं, Keyhole इनकी रीच में है ये कोशिश कर रहे हैं खोलने की. पापा मम्मा बेचारे बैग्स हाथ में लिए ठंड में बाहर खड़े हैं. पापा थोड़ा इरिटेट होकर बोलते हैं 'अरे यार शौर्य ऐसा नहीं करो.' लंबा वाक्य था, हम सोच रहे थे कि प्रत्युत्तर में भाईसाहब वही का वही वाक्य दोहरा देंगे लेकिन भाईसाहब का जवाब होता है 'आले याल पापा.. ए..छा.. नई कलो' हम लोगों का हंस-हंस कर बुरा हाल है और भाईसाहब वही दरवाजा खोलने में तल्लीन हैं.

आ

23.

तुम्हारे हथेलियों में समा जाने वाले छोटे छोटे हाथ. ऑफिस से लौट आते ही पापा पापा कह चिपक जाना. हर एक चीज के लिए पापा को बुलाना. तुम ना होते तो जीवन में इतना खुश न होता. ये Phase जिंदगी का कभी जी ही नहीं पाता. तुमने यूं आकर जीवन को खूबसूरत बना दिया है कि सोच ही नहीं पाता हूं कि पहले जब तुम नहीं थे तो उस वक्त हम जी कैसे रहे थे!

तुम्हारे रोने में अंदर से खुद रोने लगता हूं, तुम्हारे हंसने में सबकुछ हंसता सा लगता है.

तुम्हारी जितनी उम्र के जितना ही बड़ा पिता हूं मैं. तुमने मुझे सिखाया है समझदार होना, थोड़ा सा ज्यादा Kind होना, थोड़े अपनी खुद की केयर अधिक करने लगा हूं, थोड़ा ज्यादा सा जीने लगा हूं.

Child is Father of Man (William Wordsworth) के मायने धीमे धीमे समझ आने लगे हैं. थोड़ा थोड़ा तुमसा होना चाहता हूं. तुम्हारे जितना ही मासूम... बिल्कुल 21 महीने के तुम्हारे जितना मासूम होना चाहता हूं.

24.

भाईसाहब अपने मामा के यहां गए हैं और पापा को एक दिन में ही उनकी याद सताने लगी है. पापा उन्हें वीडियो कॉल करते हैं, वो खेल में मग्न हैं. उन्हें दोस्त मिल गए हैं, ममेरे भाई बहन के साथ ढेरों खेल खेल रहे हैं. वे अपने खिलौने दिखाते हैं, भाई बहन से मिलवाते हैं पापा ये... पापा ये... कह कर वीडियो कॉल पर बता रहे हैं. पापा उन्हें देखते हैं और फोन रख देते हैं.

पापा ने उनके पुराने वीडियो देखना शुरू कर दिए हैं और देखकर लग रहा है कि क्या सच ये बच्चा इतना छोटा भी था! शायद एक साल बाद आज के शौर्य के फोटो वीडियो देखकर यही लगे. बच्चे पंख लगाकर उड़ते हैं, तीव्रता से बड़े होते हैं... इतनी जल्दी की हम बस पलक झपकाते हैं और वो बढ़ जाते हैं.

मुझसे किसी ने कहा था कि जब आपकी संतान अपको प्यार करेगी तब आपको Pure Love के मायने पता चलेंगे. हालांकि उस उम्र में मैंने ये नहीं समझा था लेकिन अब पैरंटहुड के फेज में हूं तो वो बात अक्षरश सही लगती है. महज शौर्य 'पापा... पापा...' दिनभर चिल्लाते रहते हैं, पापा के बिना सोते नहीं हैं, जागते ही पापा चाहिए, पापा ऑफिस से आए नहीं को खुश होकर उनके पांव से लिपट 'पापा आ दए... आ दए...' कह कर खुश होना, दौड़ना.... सब, सब प्रेम के मायने सिखाने काफी है.

एक बार मैं निधि से पूछता हूं ' You know, what is love?' वो मुस्कुराकर गोद में बैठे शौर्य की ओर इशारा करती है ' ये... ये...' शौर्य भी अपनी तरफ उंगली कर खुश हो जोर जोर चिल्ला रहे हैं ' मम्मा ये... ये... '

25.

भाईसाहब के हाथ में एक पेन है जिसका ढक्कन (Cap) खोलने के लिए भाईसाहब पापा से कहते हैं 'पापा ये... पापा ये...' कह के उसके ढक्कन को खींच खींच इशारा कर रहे हैं. पापा जानते हैं कि एक बार ढक्कन खुल गया तो सोफा और दीवारों पर 'वर्ल्ड क्लास पेंटिंग' बन जाएंगी, इसलिए झूठमूठ की पूरी मेहनत लगाते हैं और कहते हैं कि 'खुल नहीं रहा है.'

भाईसाहब मम्मा के पास जाते हैं मम्मा से कहते हैं मम्मा 'पापा थे थुल नहीं लहा... थुल नहीं लहा.' ये थोड़े बड़े वाक्य बोलना भाईसाहब ने अभी अभी सीखा है. मम्मा भी वही झूठमूठ का अभिनय करती हैं. भाईसाहब अब हाथ में पेन लिए मेहनत कर कर रहे हैं ... और थोड़ी देर में ढक्कन खोल लेते हैं. पापा के पास आते हैं खुश होकर बोलते हैं 'हा...हाहा... पापा थोल लिया... तोल लिया.' पापा मोबाइल से चेहरा हटा शाबाश बोल पाएं इसके पहले सोफे पर एक 'कंटेंपरेरी आर्ट' उभर आई है.

मम्मा पापा बेचारे सपाट चेहरा लिए एक दूसरे की शक्ल देख रहे हैं

26.

भाईसाहब को केक बहुत पसंद आ रहा है. जब भी मन करता है बोलते हैं पापा 'मेला बर...डे है' हम बोलते हैं 'अच्छा! हैप्पी बर्थडे शौर्य! आपको गिफ्ट में कुछ चाहिए?' 'तेत ताहिये... तेत' बेचारे को सर्दी है तो एक महीने पापा केक पेस्ट्री कुछ भी नहीं लाते हैं लेकिन ने ईयर के एक दिन पहले 3-4 प्रकार की पेस्ट्री लाते हैं और भाईसाहब छककर खाते हैं.

न्यू ईयर को ही इनके "थोटू तातु" का जन्मदिन है इसलिए रात में 12 बजे ही केक काटा जाता है. भाईसाहब चाचू की गोदी में हैं. लेकिन सुबह से इतना केक खाये हैं कि केक खाने से इंकार कर देते हैं.

इनसे पूछा जाता है कि किसका बर्थडे है तो इस बार मेला बर डे है जवाब नहीं आता, जवाब आता है 'थोटु तातु का'

एक महीने बाद एक दिन में ही भाईसाहब का केकप्रेम उतर गया है. पापा मम्मा भी राहत में हैं कि इन्हें सर्दी होने की संभावनाएं कम हो गई हैं

27.

तुम पापा के घर में न होने पर पूछते ही रहते हो "पापा का गए? पापा का गए?" और पापा के आने पर दरवाजे पे ही खड़े मिलते हो और खुश हो जोर से चिल्लाते हो "पप्पा..." पापा तुरंत ही पकड़ कंधे पर ले लें तो जोर से Hug करते हो और फिर छोटे छोटे हाथों से गाल खिलाते किलकारते बोलते हो "पप्पा... पप्पा..." जैसे तुम्हारे पास सबकुछ हो. इतनी निश्चलता, इतना प्रेम, इतनी खुशी. पापा को तो जैसे दुनिया जहान को खुशियां मिल जाती हैं.

मम्मा कभी कभी कहती है कि "शौर्य न होता तो हम इतनी खुशी महसूस ही नहीं कर पाते." पापा मुस्कुराकर हां बोलते हैं. हम मम्मा-पापा समझने लगे हैं कि ज़िन्दगी में बच्चों का होना क्यों जरूरी है.

28.

भाईसाहब पापा के साथ खेल रहे हैं फिर घर में घूम घूम पापा को खुशी खुशी बता रहे हैं "पापा ये बनाया..." पापा बेचारे रंगी दीवारों को देख रहे हैं. "और ये क्या बनाया शौर्य?" "पापा लाउंड एंड लाउंड (Round and Round)." भाईसाहब ने राउंड एंड राउंड एक Rhyme (Wheels on the bus...) से सीखा है. "अरे आपने तो बहुत सुंदर बनाया है. और कहां बनाया?" पापा एप्रिशिएट करते हैं. भाईसाहब अब पूरे घर की दीवारें दिखला रहे हैं "पापा यहां.... पापा यहां... पापा ये... लाउंड एंड लाउन्ड बनाया पापा." "अच्छा!" पापा उन्हें गोद में लेकर लाड़ करते हैं. उनको सर्दी है लेकिन वे बहुत खुश होते हैं.

पापा बेचारे का काम बढ़ गया है. दीवारें पेंट करवानी हैं, लेकिन पापा भी बहुत खुश हैं कि भाईसाहब स्केचिंग करके भी खुश होते हैं और उसे बता बताकर भी. 😊😊

29.

भाईसाहब इतना बोलने लगे हैं कि आप सुन सुनकर हंस हंस कर लोटपोट हो सकते हैं. इन्हें मीठा पसंद है और ज्यादा मीठा खाने की आदत देख घर में किसी ने इन्हें मीठा को मिर्ची बता दिया है. सोचा होगा, शायद वे मिर्ची का नाम सुन कम खायेंगे. लेकिन भाईसाहब तो भाईसाहब हैं, मिर्ची का टेस्ट भूल गए हैं और अब मीठा देखते ही बोलते हैं "मम्मा, मिच्ची खाना मिच्ची." 😊

30.

भाईसाहब की किताबें आई हैं और भाईसाहब बड़े खुश हैं. पापा कहते हैं "देखो... बुक्स..." भाईसाहब कहते हैं "बु... क्क...."

पापा उन्हें कहते हैं बेटा गणेशजी वाली किताब लेकर आओ और भाईसाहब कृष्णा उठा लाते हैं. पापा कहते हैं "अरे ये तो कान्हा ले आए." भाईसाहब- "तान्हा... पापा तान्हा..."

पापा- "मेरा कान्हा कौन है?"

भाईसाहब मीठी सी मुस्कान लिए खुश होकर अपनी तरफ उंगली कर कहते हैं- "पापा मैं... मैं... तान्हा..."

31.

भाईसाहब आजकल हेल्पर कार्स कार्टून देखने लगे हैं उन्हें उसमें से Dump Truck और Excavator याद भी हो गए हैं. अब जब भी रोड पर निकलते हैं और जेसीबी मशीन दिख जाए तो हाथ उस तरफ कर चिल्लाने लगते हैं "पापा एक्च्छ..वेटर... एक्च्छ..वेटर..."पापा उनकी भाषा को डिसाइफर (decipher) कर पाएं उसके पहले ही वो चला जाता है.

वैसे पापा को भी इनसे ही पता चला है कि जेसीबी मशीन असल में एक्सकेवेटर है. (पापा को नहीं तो 2019 के जेसीबी को खुदाई के मीम ही याद थे.) कोई भी ट्रक दिखे तो "पापा डंप ट्रत है... डंप ट्रत..."

पापा ने इन्हें हेल्पर कार्स का पूरा सेट लाकर दिया है डंप ट्रक बुल्डोजर एक्सकेवेटर रोलर आदि सब है.

अगले दिन, "पापा इधल आओ इधल.... डंप ट्रत टूत गया है...." और 2-3 दिन में भाईसाहब की सारी कार कॉलोनी बिखर चुकी है! 😀

पापा बेचारे फिर खिलौने की दुकान में थोड़े मजबूत ट्रक ढूंढ रहे हैं.

32.

भाईसाहब को उनकी अर्घ्या दीदी ने एक टॉय बेबी गिफ्ट किया है. भाईसाहब अक्सर उसी को लेकर घूमते हैं. एक दिन भाईसाहब मम्मा से बोलते हैं "मम्मा बेबी तो भी थिला दो..." एक दिन भाईसाहब बेबी को कपड़े में लपेट गोदी में लिए हैं.

पापा - "शौर्य क्या कर रहे हो?"

शौर्य - "पापा बेबी तो सुला लहा हूं... सुला."

पापा -"अच्छा...!!"

एक दिन भाईसाहब पापा को कुछ देर से दिख नहीं रहे हैं. पापा रूम के अंदर आकर देखते हैं. भाईसाहब बाथरूम से बाहर निकल रहे हैं, हाथ में बेबी है. खुद कुछ कुछ गीले हैं और इनका बेबी भी गीला है. पापा इनसे पूछते हैं "क्या कर रहे थे शौर्य? "

भाईसाहब- "पापा... पापा... बेबी की पुट्टी त्लीन तल रहा था." 😊😊

33

भाईसाहब दिन पर दिन क्यूट होते जा रहे हैं. उनकी तोतली बोली से निकले लफ़्ज़ सुन आप हंसे और उन्हें प्यार किए बिना नहीं रह सकते हैं.

बात कल की ही है, भाईसाहब की नानी उन्हें हर दिन तेल मालिश करती हैं. भाईसाहब को भी बड़ा मजा आता है इस बड़ा कॉपरेट करते हैं. शाम में भाईसाहब की मम्मा और नानी बैठे हुए हैं, नानी मम्मा के हाथ में तेल मल रही हैं. भाईसाहब पास जाते हैं, तेल की शीशी उठाते हैं, तेल लेकर नानी के पांव में अपने नन्हें नन्हें हाथों से मलते हैं और नानी बोलते हैं "नानी, आप लाजा बेता बन गया..." उनकी इतनी प्यारी हरकत और बोली देख सबकी हंसी छूट जाती है.

असल में नानी उनको किसी भी काम के कर लेने पर शाबाशी में "आप तो राजा बेटा बन गए." बोलती हैं. तो आज नानी ने मालिश करा ली इसलिए "नानी, लाजा बेता बन गया" है. 😁

34.

"विवेक, मैं ऑफिस में आज ज्यादा थक गई हूं. इसको आज आप सुलाओगे." मम्मा के फरमान के बाद आज भाईसाहब को सुलाने की ड्यूटी पापा की है.

पापा भाईसाहब को अलग रूम में लेकर गए हैं, उन्हें सुलाने की कोशिश कर रहे हैं. भाईसाहब बोलते हैं पापा "बेबी ताहिये बेबी." पापा बेचारे भाईसाहब के रूम में जाते हैं, खिलौनों में से बेबी निकाल के लेकर आते हैं. अब पापा भाईसाहब को पीठ पर थपकी देकर "लल्ला लल्ला लोरी..." सुना रहे हैं और भाईसाहब बेबी को "ऊं... ऊं..." करके थपकी देकर सुला रहे हैं.

थोड़ी देर बाद भाईसाहब बोलते हैं "पापा... पापा... बेबी को दुधु पीना." बेचारे पापा कहते हैं बेटा आपके बेबी को तो पापा ने अभी दुधू पिलाया था.

भाईसाहब चुप लेट गए हैं पापा को लगता है सोने के मूड में आ गए हैं. लेकिन भाईसाहब तो भाईसाहब हैं. दो मिनट बाद बोलते हैं "पापा आपते बेबी को दुधु पीना."

पापा इसका जवाब नहीं दे पाते. बेचारे किचन जाते हैं, दूध गर्म करने लगते हैं. तब तक भाईसाहब अपनी गाड़ी पर बैठ गया हैं और तेजी से चलाते हुए "लाउंड एंड लाउंड...." गा रहे हैं. पापा उधर दूध गर्म करते खुद को राउंड एंड राउंड घूमता महसूस कर रहे हैं.

भाईसाहब सिर्फ दो घूंट दूध पीते हैं, बेड पर आते हैं. पापा फिर पीठ थपथपाते है, भाईसाहब फिर पांच मिनिट में नई फरमाइश रख देते हैं. "पापा मम..मम.. पीना... मम..मम.." पापा फिर किचन जाते हैं, भाईसाहब को पानी पिलाते हैं

और फिर उसी क्रम में दो मिनट बाद भाईसाहब बोलते हैं "पापा मम्मा पास जाना है... मम्मा पास."

पापा बेचारे डेढ़ घंटे सुलाने की कोशिश करने के बाद भाईसाहब को मम्मा पास लेकर आते हैं. भाईसाहब मम्मा से चिपक जाते हैं और पांच मिनट में ही सो जाते हैं!

35.

भाईसाहब अपने बेबी को मूवी दिखाने लेकर गए थे... और हम अपने बेबी को. उनके बेबी ने उनका भरपूर साथ दिया, उन्हें मूवी देखने दी. हमारे बेबी ने भी खुद का जी भरकर साथ दिया! आधी मूवी पापा को देखने दी, आधी मम्मी को. बाकि तीन स्वीटकॉर्न, पॉपकॉर्न और पापड़ी चाट की पार्टी भी कर ली.

"पापा, वो त्या है?"

"बेटा, मूवी का पोस्टर है."

"पापा, वो देथना वो."

"बेटा रिलीज होगी तो देखेंगे. ठीक है?"

"थीक है."

आगे, आदिपुरुष की भी रिलीज के पहले ही अपनी एडवांस बुकिंग कर ली है!

ई

36.

वक्त कितना जल्दी निकलता है और ये बच्चे कितनी जल्दी बड़े होते हैं, पता ही नहीं चलता. 23 मार्च 2021, पहला दिन, शौर्य गोद में और मेरी आंखों में आसूं... दूसरा दिन, शौर्य दादू की गोद में, डॉक्टर के हाथ में पहले टीके का इंजेक्शन और मेरी आंख में फिर आंसू... मैं देख नहीं पाता और दूर चला जाता हूं. दो साल और मुझे पता भी नहीं कि कब इतने जल्दी निकल गए.

किसी ने कहा था कि True Love का मीनिंग तुम्हें जब समझ आएगा जब तुम्हारे हाथ में तुम्हारी संतान का हाथ होगा, जब वो तुम्हें गले लगाएगा. मैं तब इस बात का मतलब नहीं समझा था, आज समझता हूं.

निधि अक्सर कहती है, "क्या इसके बिना हम अपना जीवन इमेजिन कर सकते हैं?" मैं बस मुस्कुरा देता हूं.

दो साल के शौर्य और दो साल पुराने पापा, दोनों जन्मदिन पर बहुत मस्ती करते हैं. पापा दादू, नानू को देख मुस्कुरा रहे हैं.

शौर्य... वीर... हम... जीवन... बस.

37.

भाईसाहब का पापा-प्रेम बढ़ता जा रहा है. कुछ भी डिमांड हो "पापा..." "पापा...", "पापा दोदी (गोदी) आना....", "पापा थाना थाना(खाना)...", "पापा पेंत(पेंट) पहना दो...." इत्यादि .

एक दिन हम सब बैठे हुए हैं. भाईसाहब पापा से आकर चिपक गए हैं. मम्मा मुस्कुराकर बोलती है "I'm jealous of you."

पापा मुस्कुरा देते हैं और तभी भाईसाहब बोलते हैं "पापा थाना थाना... थाना."

हम सब हंस पड़ते हैं...

38.

भाईसाहब के अभिन्न मित्र हैं- अनन्या दीदी, परी दीदी, उन्नी दीदी, मिन्सी दीदी आदि. इनसे 3 से 6 साल बड़े हैं. भाईसाहब सबके साथ खेलते रहते हैं, उन्हीं के हाथ से खाते हैं, उनसे ही लड़ते हैं. छुपन-छुपाई इनका प्रिय खेल है. कभी कभी भाईसाहब मॉन्स्टर बन जाते हैं और अनन्या दीदी, उन्नी दीदी इनके टॉय बेबीज़ को मॉन्स्टर से बचाते हैं.

कभी इनके टेंट हाउस में पिज़्ज़ा की डिलीवरी वाला गेम होता है. "शौर्य अब हमें भूख लग आई है चलो पिज़्ज़ा खायेंगे." और फिर झूठमूठ का फोन लगाया जाता है और पिज़्ज़ा का ऑर्डर दिया जाता है. "नॉक... नॉक..." की आवाज निकाली जाती है. "कौन है?" "अच्छा पिज़्ज़ा, पैसे लीजिए, पिज़्ज़ा दे दीजिए." इस तरीके का क्यूट सा खेल है. पापा मम्मा चुपचाप बाहर से देखते रहते हैं.

इनके फ्रेंड्स के मम्मा/पापा का ट्रांसफर हो गया है. अब वे जा रहे हैं.बेचारे मम्मा पापा इसी उधेड़बुन में हैं कि आगे अब वे किसके साथ खेलेंगे... क्या जो नए लोग आएंगे उनके इतने छोटे बच्चे होंगे? क्या वे फैमिली लेकर आयेंगे? क्या भाईसाहब नए लोगों से घुलमिल पाएंगे?

लेकिन ये हर 3 साल की समस्या होने वाली है. हर बार नए लोग, नई जगह, नए फ्रेंड्स, आगे नया स्कूल...

बच्चे के लिए ये अच्छा भी है और बुरा भी... कितना, क्या यह उनके बोर्डिंग स्कूल में पढ़े माता पिता को नहीं पता है...

39.

पापा ऑफिस से आए हैं. भाईसाहब ने पूरे कपड़े बेड पर बिखेर रखे हैं. पापा के आते ही चहचहाकर बोलते हैं "पापा आ दए... पापा आ दए..." पापा उनके बगल में बैठ जाते हैं. भाईसाहब पूछते हैं "पापा आप त्या पहने हैं?"

पापा: "यूनिफॉर्म"

"पापा आप यूनिफॉर्म त्यों पहने हैं?" पापा जवाब देने की बजाए उन्हें गोद में भरकर प्यार कर लेते हैं. भाईसाहब गोद में बैठे बैठे नेमप्लेट देख लेते हैं.

"पापा ये त्या है?"

"बेटा ये नेमप्लेट है."

"पापा इथपर त्या लिखा है?"

मम्मा बोलती है "इसपर पापा का नाम लिखा है. बताओ पापा का नाम क्या है?" भाईसाहब अपनी सुरीली आवाज में बोलते हैं, "विदेत.. पापा विदेत." फिर नेमप्लेट पर उंगली रख बोलते हैं "पापा विदेत लिथा है... पापा विदेत."

40.

मम्मा-पापा ने भाईसाहब को बर्थडे पर टेंट हाउस गिफ्ट किया है. अब यह इनका घर है. इनके रूम में जाएं तो कहते हैं "पापा, घर तलो.", "मम्मा, घर तलो."

भाईसाहब पापा को टेंट के अंदर ले आए हैं. अपने पेंट की जेब से झूठमूट के पैसे निकालकर बोलते हैं "पापा, दूद ले लो... मार्तेट(मार्केट) से."

पापा मुस्कुराकर बोलते हैं "ले लिया."

भाईसाहब बोलते हैं "पापा दूद पियो." पापा झूठमूट का दूध पीने की एक्टिंग करते हैं, भाईसाहब "हा... हा... हा" खिलखिलाकर हंस पड़ते हैं.

भाईसाहब अब पापा से पैसे मांगते हैं "पापा, पैथा दो... दूद पीना."

पापा झूठमूट के पैसे देते हैं, भाईसाहब टेंटहाउस की खिड़की से हाथ निकालते हैं, पैसे बढ़ाते हैं और कहते हैं "अंतल (अंकल), दूद दे दो... दूद." फिर झूठमूट का दूध इनके हाथ में आ जाता है और ये पीना शुरू कर देते हैं.

"पापा, अच्छा है...अच्छा."

"पापा, दूद खम (खत्म) हो गया... बाहल तलो."

...और भाईसाहब के ऐसे ही कोई न कोई खेल चल रहे हैं.

41.

रात के 2 बज रहे हैं, पापा-मम्मा भाईसाहब को सुलाने की कोशिश कर रहे हैं. मम्मा बेचारी आधी नींद में "बेटा बाहर लिज़ार्ड (Lizard) है कह उन्हें बेडरूम से बाहर जाने से रोक रही है, भाईसाहब "मम्मा, वहां तलो" कह बाहर हॉल में जाना चाह रहे हैं. पापा बेचारे उन्हें गोद में लेते हैं, गाना लगाकर, उन्हें कंधे पर टिकाकर, टहलकर सुलाने की कोशिश करते हैं. विपिन चाचू उन्हें एक बार ऐसे सुला चुके हैं. भाईसाहब की आंखों से नींद नदारद है. "वहां तलो" की मांग बढ़ गई है.

पापा-मम्मा उन्हें हॉल में लेकर आते हैं. वे सीधे अपने रूम में भागते हैं. वहां टीवी है और फर्श पर गद्दे.

भाईसाहब गद्दे पर बैठे हैं, "पापा, टीवी तला दो." की जिद चालू है. पापा थककर टीवी चला देते हैं. मम्मा-पापा दोनों वहीं लेट जाते हैं. दोनों थके हैं, दोनों का अगली सुबह ऑफिस भी है. बेचारे लाइट और टीवी की शोर में भी से गए हैं.

3 बजे पापा को हिला हिलाकर उठाया जाता है. "पापा मम मम पीना... मम मम." "पापा, उ थो... उ थो..." पापा जागते हैं. हेल्पर कार्स (Helper Cars Cartoon) अब भी टीवी पर चल रहा है. थकी हुई मम्मा बेचारी घोड़े बेच के सो रही है.

पापा भाईसाहब को पानी पिलाते हैं. "पापा टीवी बंद कल दो... बंद." पापा टीवी बंद कर देते हैं, उन्हें लगता है ये अब सोएंगे. लेकिन भाईसाहब तो भाईसाहब हैं. भाईसाहब एक गेंद उठाते है... "पापा, वहां तलो... वहां."

भाईसाहब तकरीबन सुबह 4 बजे पापा को लेकर वापस हॉल में आ गए हैं... अब उनका फुटबॉल खेलने का मन है...

42.

भाईसाहब को कुछ दिन से कहानियां सुनने का नया शौक चढ़ा है. मम्मा सुलाने के लिए कहानियां सुनाती हैं. इसके लिए मम्मा-पापा ने कुछ स्टोरी बुक्स खरीदी हैं, पंचतंत्र की कहानियां खरीदी हैं. चंपक का सब्सक्रिप्शन भी लिया है, लेकिन कभी डिलीवर नहीं हुई है.

आजकल ये सोने नहीं बस कहानियां सुनने बेड पर आते हैं. इनकी डिमांड अलग अलग कहानियां सुनने की हो रही है. हमारी कहानियां खत्म हो चुकी हैं, इसलिए हम अपने मन से बना रहे हैं.

भाईसाहब बोलते हैं "पापा, एंबुलेंस की इश्तोरी (story) सुनाओ"

पापा बेचारे कहानी सुनाते हैं "एक मम्मा कार थी, उसकी दो बेबी कार थीं - C1 और C2, दोनों बेबी कार बड़े हुए और एक एंबुलेंस बनी और एक पुलिस. एक बार एक कॉल आया कि एक्सीडेंट हो गया है तो दोनों सूं.. सूं.. सूं.. सूं.. कर के गए और एक्सीडेंट वाली कार्स की मदद की. हमें सबकी मदद करनी चाहिए C1 और C2 कार्स के जैसे."

आपको लग रहा होगा कि ये कहानी सुनते सुनते सो गए होंगे, लेकिन ऐसा हुआ नहीं...

भाईसाहब कहानी खत्म होते ही बोले "पापा एक्छीडेंत की इश्तोरी सुनाओ...एक्छीडेंत की."

अब बेचारे पापा भाईसाहब को कहानी सुनाने एक्सीडेंट में कुछ सकारात्मक ढूंढ रहे हैं.

43.

भाईसाहब कुल जमा 2 साल के हुए हैं लेकिन समझदारी और बोली में कहीं आगे हैं. मीठी सी मिठाई सी शक्ल ऊपर से शर्बत सी बोली, आप उनको देख प्यार किए बिना नहीं रह सकते. आवाज भी धीमे धीमे साफ होती जा रही है. वाक्य भी लंबे लंबे बोलने लगे हैं. मतलब क्यूटनेस और भी बढ़ गई है. मतलब भाईसाहब ' ओवरलोडेड विद क्यूटनेस' हैं. 😊

नाना जब भी इनको कुछ काम के लिए बोलते हैं, जैसे "गिलास रख दो", "रैपर डस्टबिन में डाल दो" और जब ये काम कर देते हैं तो इनको "शाबाश! बेटा शाबाश!" कह के शाबाशी देते हैं.

रात 10:00 बज रहे हैं, भाईसाहब की आंखों से नींद नदारद है. ये साइड टेबल से एक समान उठाते हैं और मम्मा को पकड़ाकर बोलते हैं "छाबाछ! मम्मा छाबाछ!"

दूसरा पापा को पकड़ाते हैं और कहते हैं "छाबाछ! पापा छाबाछ!

अब इनको धमाचौकड़ी करते हुए 11:00 बज गए हैं. बीच बीच में पापा "वहां तलो" मतलब पापा हॉल में चलो, जिससे मैं धमाचौकड़ी कर पाऊं, कहते रहते हैं. पापा मम्मा लेकिन अनसुना कर देते हैं, इसलिए थककर कहते हैं "पापा पिट्टू थाली (खाली) हो दया (गया) है." मतलब मैं भूखा हूं, इसी बहाने बाहर ले चलो, लाइट जलाओ, सोने के माहौल से बाहर निकलो, जिससे ऊधम कर सकूं.

पापा मम्मी धीमी आवाज में बहुत हंसते हैं, लेकिन चुपचाप सोने का बहाना कर लेटे रहते हैं, कि ये भी सो जाएं.

भाईसाहब फिर भी नहीं सोते और खुद "नानी तेली मोलनी को..." गाने लगते हैं, साथ ही उछल उछल कर डांस करने लगे हैं. बेचारे पापा के पेट पर धड़ाम से गिरते हैं, पापा बेचारे दर्द से कराह जाते हैं... और भाईसाहब....? भाईसाहब पापा के मुंह की तरफ कोहनी आगे कर कहते हैं "पापा लद दई है.... पुच्ची कल दो... पुच्ची." पापा कोहनी पर पुच्ची कर देते हैं, भाईसाहब का दर्द ठीक हो जाता है. 😀

भाईसाहब का खेल फिर अनवरत चालू रहता है... और लगभग 12:30 पर भाईसाहब फायर इंजन की कहानी सुनते- सुनते सो जाते हैं.

44.

मम्मा ऑफिस से लौटकर आई हैं. भाईसाहब "मम्मा आप तैसे (कैसे) हो?"

मम्मा - "बेटा मैं थक गई हूं."

भाईसाहब बेड पर आते हैं और अपने छोटे छोटे हाथों से मम्मा का सर दबाने लगते हैं.

"मम्मा आप सो जाओ." फिर मम्मा का सर अपनी गोद में रख लेते हैं और जैसे इनको थपकी देकर सुलाया जाता है वैसे ही थपकी देने लगते हैं. 🖤🖤

45.

घर में पुताई लगाई गई है. पुताई वाले लोग सुबह सुबह से आकर जल्दी जल्दी काम कर रहे हैं, पापा देखते हैं और "मॉडर्न आर्ट के प्रमुख हस्ताक्षर" भाईसाहब की वॉल आर्ट को जल्दी जल्दी मोबाइल में समेटना शुरू कर देते हैं. इन्हें बनाते वक्त कभी उन्होंने "पापा देखो, ये बनाया" बोला है, कभी "पापा पेंतिन की मैंने पेंतिन" बोला है.

पापा भाईसाहब से पूछते हैं "इनके प्रिंट निकलवा कर दीवार पर लगा लें?" भाईसाहब अपनी छोटी सी गर्दन प्यार से मटकाते हैं और कहते हैं "पापा, इनको दीवाल पे लदा दो."

46.

"पापा इन.. हे...(inhale) तीजिए" भाईसाहब के हाथ में स्टेथो है और जुबां पर मम्मा के सिखाए शब्द.

डॉक्टर का प्ले-सेट भाईसाहब ने मॉल में रो रो कर लिया है "पापा डॉत्तर ताहिए... डॉत्तर." पापा-मम्मा के पास लेने के अलावा ऑप्शन क्या है!

भाईसाहब, लौटकर पापा को स्टेथो से चेक कर रहे हैं, मम्मा को सुई लगा रहे हैं, नानी को दवाई दे रहे हैं... फिर पापा के पास आते है और कहते हैं "पापा आप थीक हो..?"

"हां, बेटा"

"पापा नहीं हो... आपतो जिम जाना है... जिम... पित्तू नित..लेदा... (निकलेगा)." भाईसाहब की जुबां पर फिर मम्मा के शब्द हैं. पीछे से मम्मा मुस्कुरा रही है. 🙂

47.

भाईसाहब ट्रेन में हैं और घुसते ही बोगी में एक कौने से दूसरे कौने में दौड़ना शुरू कर देते हैं. साथ में "यो... यो..." चिल्ला रहे हैं. पापा पीछे-पीछे भाग रहे हैं. भला हो रेलवे का कि बोगी के दोनों ओर गेट हैं जिन्हें ये पुश नहीं कर सकते, नहीं तो पापा-मम्मा की जान पर बन आती.

2-3 राउंड लगाने, सभी यात्रियों का ध्यान चिल्ला-चिल्ला कर अपनी ओर खींचने के बाद भाईसाहब एक जगह रुक गए हैं. एक दीदी बैठी हुई, खिलौनों से खेल रही है. भाईसाहब पापा का हाथ पकड़ते हैं और खींचते हुए बोलते हैं "पापा वहां तलो, वहां तलो."

पापा दीदी के पापा को हेलो बोलते हैं, साथ खेलने की अनुमति लेते हैं, दीदी के पापा दीदी को खिलौने शेयर करने को बोलते हैं और भाईसाहब खुशी-खुशी चालू हो जाते हैं. पापा भाईसाहब का फेवरेट खिलौना डंप ट्रक भी ले आए हैं.

कुछ देर बाद भाईसाहब काश्बी (दीदी) के खिलौने उन्हें ही नहीं दे रहे हैं. पापा को थोड़ा Embarrassing लगता है. पापा भाईसाहब को खिलौने शेयर करने को कहते हैं, भाईसाहब "पापा नहीं... पापा नहीं..." कह कर मना कर देते हैं. काश्बी चार साल की है, थोड़ी समझदार हो गई है, वो भाईसाहब को खेलने देती है.

रात 10:30 बज गए हैं. काश्बी को भी नींद आने लगी है. पापा भाईसाहब को अपनी सीट पर सोने चलने को बोलते हैं, भाईसाहब मना कर देते हैं. पापा लाइट बंद कर देते हैं. भाईसाहब तुरंत "पापा... लाइट दई" कहकर अपनी सीट पर आ जाते हैं.

"मम्मा कहानी सुनाओ." मम्मा की कहानी सुनते-सुनते भाईसाहब रात 12 बजे तक सोते हैं, बेचारे पापा-मम्मा 12:30 तक सो पाते हैं, सुबह 3:30 बजे जागते हैं.

अगले दिन भाईसाहब सुबह 11:30 तक आराम से सोये हुए हैं और उधर पापा-मम्मा ऑफिस में ऊंघ रहे हैं.

p.s.: मैं किसी बच्चे के मम्मा-पापा से पूछे बिना फोटो नहीं लेता, आप भी मत लिया कीजिए.

48.

पापा ऑफिस के लिए तैयार हो रहे हैं, भाईसाहब दौड़ कर आते हैं. "पापा छू...ज (Shoes) मैं पहनाऊंदा" भाईसाहब ने लेस (shoelace) हाथ में ले ली है, बांधने की कोशिश करते हैं फिर अपनी मीठी सी तोतली भाषा में कहते हैं "पापा मैंने पहना दिया... अब दाओ ऑफिछ." #मेरा_श्रवणकुमार

49.

दिसंबर 2021, भाईसाहब 7-8 महीने के हैं. बैठ पाते हैं, चल नहीं पाते. मम्मा ने उन्हें भगवान के दर्शन कराना सिखा दिया है. जब भी हम कहते हैं "नमोस्तु भगवन" भाईसाहब पूरा का पूरा सर झुका देते हैं. हम बहुत हंसते हैं.

जून 2023, घर में छोटा सा मंदिर है, भाईसाहब मम्मा से पूछते हैं "मम्मा भगवान और कहां है?"

मम्मा : "बेटा भगवान हर जगह है. इस रूम में, उस जगह भी... हर जगह."

भाईसाहब : "अच्छा"

अगले दिन, हम रूम में घुसते हैं और भाईसाहब हाथ जोड़े हैं. हमें देखते ही "मम्मा, मैं जय जय कर रहा."

ई

50.

ये बच्चे को गले लगाने वाला कितना सही ड्राइंग है न... दिन कैसा भी गया हो... भाईसाहब को लौट के Hug कर लो और दिन जैसे फिर से अपनी खूबसूरती और ताजगी के साथ शुरू हो जाता है!

शौर्य गाथा

51.

Bhaisahab's First Day of School 🏫📖👦

भाईसाहब सोमवार को स्कूल जायेंगे ये सुनकर वे शनिवार से ही "पापा स्कूल चलो... स्कूल चलो..." की रट लगाए हैं, अलग ही लेवल का एक्साइटमेंट है.

भाईसाहब का स्कूल का पहला दिन है. नानाजी विशेष रूप से आए हैं. वे इनको शिक्षा संस्कार दे रहे हैं, नानी टिफिन तैयार कर रही हैं. मम्मा ने बैग तैयार किया है. भाईसाहब मम्मा पापा की गोद में बैठकर स्कूल जाते हैं. क्लासरूम के अंदर जाते ही रोना शुरू कर देते हैं! सारा एक्साइटमेंट फुस्स्स...!

स्कूल टाइम खत्म होने को और भाईसाहब बहुत खेल रहे हैं, बहुत खुश है, अब इन्होंने वापस घर आने से इंकार कर दिया है!! इन्हें समझा बुझा कर घर लाया जा रहा है और भाईसाहब अब स्कूल छोड़ने के नाम पे रोने लगे हैं.

पापा को अपने बोर्डिंग स्कूल (Jawahar navodaya vidyalaya) के दिन याद आ जाते हैं, पापा छठवीं में जाकर वहां बहुत रोये थे... और बारहवीं में वहां निकलते हुए भी!

भाईसाहब का पहला दिन भी ऐसा ही था, जाते हुए रोना, और आते हुए स्कूल छोड़ने के गम में रोना!!

52.

भाईसाहब खिलौनों की दुकान पर हैं, अपने फेवरेट खिलौने कार और अन्य गाड़ियां देख रहे हैं. भाईसाहब के हाथ हॉट व्हील्स की छोटी मेटल कार लगती हैं. "पापा ये ताहिये..." भाईसाहब जिद करने लगते हैं. पापा दिला देते हैं.

घर आकर पापा पैकिंग खोलते हैं और सफेद, काली कारें फर्श पर दौड़ा देते हैं. पापा फिर उठाते हैं और फिर दौड़ा देते हैं, जैसे पापा खुद ही खेलने लगे हों. भाईसाहब पापा को टोकते हैं "पापा, मुझे भी... मुझे भी." पापा मुस्कुराकर उन्हें कारें पकड़ा देते हैं और विचारों में खो जाते हैं.

पापा के पास बचपन में ऐसी कारें कभी नहीं थीं. उनकी इच्छाएं जरूर थीं लेने की... लेकिन कभी मिली नहीं. पहली बार उन्होंने ऐसी कारें शहर में रहने वाले अपने कजिन के पास देखी थीं. जिद थी लेनी हैं... गांव में मिली नहीं... शहर से उनके पिताजी कभी लाए नहीं.

'कितनी इच्छाएं थीं न इससे खेलने की... कितने लालायत थे हम...' पापा सोच रहे हैं और भाईसाहब के हाथ से कार ले फर्श पर फिर दौड़ा देते हैं...

पीछे से भाईसाहब चिल्ला रहे हैं "पापा, मुझे भी... मुझे भी..."

53.

पापा की भाईसाहब को सुलाने की कोशिश हो रही हैं, उनके चेहरे से नींद नदारद है. भाईसाहब चिल्लाना शुरू करते हैं "पापा ती येलो वाली धड़ी ताहिए. येलो धड़ी..." और रोना चिल्लाना शुरू हो जाता है. पापा बेचारे अपनी सभी घड़ियां उनके पास रख देते हैं, लेकिन उनमें कोई से भी "येलो धड़ी" नहीं है. भाईसाहब अपना शोर जारी रखते हैं. मम्मा लेटी हुई है, बेचारी आधी नींद में से उठ जाती है.

पापा पूछते हैं "मैं अब येलो घड़ी कहां से लाऊं?"

मम्मा झल्लाकर बोलती है "उसे पापा की येलो गाड़ी चाहिए, घड़ी नहीं."

पापा बेचारे इनका एक हरे पीले रंग की जिप्सी कार वाला खिलौना ढूंढ कर लाते हैं, भाईसाहब देखते ही खुश होकर बोलते हैं "हाहाहा.... मिल दई पापा ती येलो धडी."

पापा राहत की सांस लेते हैं, भाईसाहब कार हाथ में लिए लिए दस मिनट में सो जाते हैं!

54.

भाईसाहब को सुलाने की कोशिश हो रही है. तरकरीबान एक घंटा हो गया है और भाईसाहब सो ही नहीं रहे हैं. मम्मा बोलती है- "शायद ज्यादा थका हुआ है आप पैर दबा दीजिए." पापा दबाना शुरू करते हैं और भाईसाहब अगले दस पंद्रह मिनट में सो जाते हैं.

पापा को याद आता है कि दादू भी उनके ऐसे ही पैर दबाना शुरू कर देते थे और पापा मना करते करते ऐसे ही सो जाते थे. पापा की उम्र तब करीब दस बारह वर्ष रही होगी.

जीवन में प्रेम का कितना दुहराव है न!

55.

First Click by Him!

हम सेलिब्रेट कर रहे थे और मोबाइल से फ़ोटो खींच रहे थे, कि सहसा भाईसाहब मेरे हाथ से "पापा मैं भी, मैं भी..." कहकर मोबाइल ले लेते हैं. अगले दस मिनट तक भाईसाहब उनके वजन के हिसाब से भारी मोबाइल सम्हालते हुए, फोकस कर फोटो क्लिक करने की कोशिश में बिताते हैं. जबतक उनका हाथ बटन तक जाता है, तब तक मोबाइल झुक जाता है, बेचारे फिर सम्हालते हैं... और फिर वही कोशिश दुहराते हैं.

दस मिनट बाद मोबाइल पापा के हाथ में होता है और जो रिजल्ट आता है वो दो साल के भाईसाहब के हिसाब से शानदार है! मम्मा पापा की एक प्यारी सी ब्लर्ड फ़ोटो!!

मुझे अप्रत्याशित रूप से बड़ी क्रिएटिव लगती है और मैं उन्हें गले लगा लेता हूं.

56.

भाईसाहब के पास सब है जिसकी जिद करते हैं... पापा उन्हें दिलाते रहते हैं, मम्मा डांटती रहती है कि "आप सारी जिद मान लेते हैं... ऐसे सारी जिद थोड़ी न पूरी की जाती हैं... उसे 'न' सुनना भी सीखना होगा ना!"

पापा को भी इस बात का एहसास है लेकिन उनका मन नहीं मानता है. बचपन में बहुत कुछ था जो उन्हें जिद करने के बाद भी नहीं मिल पाया... छोटे से गांव उनके पिताजी के लिए संभव नहीं था... बाद में कम उम्र में बोर्डिंग स्कूल चले गए. इसलिए पापा के लिए जो संभव होता है दिलाने की कोशिश करते हैं.

हालांकि पापा धीरे-धीरे न कहना सीख रहे हैं... मम्मा की डांट का असर भी हो रहा है और पापा भी धीमे-धीमे 'पापा' बन रहे हैं.

57.

हम घर का सामान लेने जा रहे हैं. भाईसाहब ने तुरंत ही कैप पहन लिया है "पापा देखो मैं तो पुलिस अंकल बन गया हूं!" कैप पहनना और अपने को पुलिस अंकल कहना आजकल इनका फेवरेट काम है लेकिन कैप पहनने के बाद उसे इतना नीचे कर लेते हैं कि आगे वाला हिस्सा (Visor) इनकी आंखों के सामने होता है. इन्हें सही से दिखता नहीं है, इसलिए फिर सिर उठाकर चलते हैं.

भाईसाहब कैप पहने ही स्टोर पहुंचते हैं. घुसते ही इन्होंने दौड़ के एक बास्केट ले ली है. इनके वजन के बराबर ही होगी. भाईसाहब अब जोर लगाकर बास्केट खींचते हुए एक ओर जा रहे हैं.

"अरे आप कहां जा रहे हैं?" मम्मा पूछती है.

"अले मम्मा, डायपल थथम (खत्म) हो दए हैं न. वो लेने जा ला." भाईसाहब मम्मा की स्टाइल में ही तुरत जवाब देते हैं.

हम लोगों की हंसी छूट जाती है लेकिन इन्हें न दिखे और इनका मज़ा न किरकिरा हो जाए, इसलिए चुपचाप हंसी मुंह में ही दबाए इनके पीछे हो लेते हैं.

58.

भाई साहब के हाथ में मोबाइल चार्जिंग केबल है. भाई साहब के पापा को लगता है कि वे गले में न फंसा लें .इसलिए पापा उनसे लेने की कोशिश करते हैं.

"पापा, मैं खेल रहा हूं." भाईसाहब देने से इंकार कर देते हैं.

पापा उनके साथ खेलना शुरू कर देते हैं. भाईसाहब पापा के कंधे पर केबल डाल देते हैं, जैसे साड़ी का पल्लू डाला हो.

"पापा आपने साड़ी पहन ली. तैयाल हो दए. तलो ऑफिस तलें?" और फिर हंसने लगते हैं.

फिर अपनी कमर पर लगाते हैं. "पापा मैंने बेल्ट पहन लिया. ऑफिस तलें?"

पापा: "मैं बेल्ट पहन लूं फिर ऑफिस चलेंगे."

पापा उनके हाथ से केबल लेकर बेल्ट सा पहनते हैं और फिर "बाय.." बोल रूम से निकल जाते हैं.

भाईसाहब पीछे से चिल्ला रहे हैं "पापा... मुझे भी... मुझे भी..."

...उधर पापा केबल छिपा रहे हैं.

३

मां बिन सात दिन

59.

#Day1

"I'm leaving my heart here" निधि जाते जाते कहती हैं. उनकी ट्रेनिंग है, एक हफ्ते की. वो शहर से बाहर जा रही हैं. शौर्य को अकेले छोड़ के जाना उनके लिए आसान नहीं है. वो बचते बचाते, आंसू लिए चुपचाप निकली हैं.

वर्किंग वुमन होना आसान नहीं है, कितने सारे Sacrifices करने होते हैं, उन्हें भी और उनके बच्चों को भी.

पापा आज भाईसाहब को सुलाने की कोशिश कर रहे हैं. भाईसाहब कहानियां सुनकर सोते हैं, मम्मा सुनाने में एक्सपर्ट है. आज पापा बेचारे ट्राइ कर रहे हैं.

पापा: "एक डायनासोर था, बहुत बड़ा था, इतना कि Trees पर बैठे Monkeys से सीधे बात कर लेता था. उसके एक दादाजी थे..."

भाईसाहब: "दादाजी का नाम तया था?"

पापा: "दादाजी का नाम ग्रैंड डायनो था. वे बहुत घूमते थे. एक बार उन्होंने घूमते घूमते एक Cow को देखा..."

भाईसाहब: "पापा, Cow की इश्तोरी सुनाओ."

पापा: "एक Cow थी, उसका एक Calf था. शौर्य Cow का मिल्क पीता है."

भाईसाहब: " ताफ (calf) की इश्तोरी सुनाओ... ताफ की."

पापा (थककर): "बेटा ताफ सो गया है आप भी सो जाओ."

भाईसाहब: "पापा मुझे मेरी मम्मा के पास जाना है... वहां तलो..." और मम्मा मम्मा कहकर रोना शुरू कर देते हैं.

पापा: "बेटा मम्मा ऑफिस गई है, जैसे पापा ऑफिस से नहीं आते, आज मम्मा भी नहीं आ पाई है. आप सो जाओ...."

दो साल की नन्हीं सी जान कुछ कुछ समझ गई है. अंततः नानी उनको गोद में चिपकाती हैं, नाना उनके पैरों की मालिश करते हैं, पापा सर पर हाथ फेरते हैं... और फिर भाईसाहब सोते हैं."

पापा सोच रहे हैं कि सिंगल पेरेंटिंग कितनी टफ होती होगी. हर दिन अकेले ही बच्चे का मां बाप बनना आसान नहीं रहता होगा.

अच्छा है कि भाईसाहब के नाना नानी और भाई बहन (ममेरे) आ गए हैं, नहीं तो पापा को कितना मुश्किल होता!

60.

#Day2

पापा के ऑफिस से आते ही भाईसाहब चिपक गए हैं. जैसे पापा मम्मा दोनों का प्यार समेट लेना चाहते हों. जैसे कह रहे हों "I missed you, Papa" दिनभर उन्होंने बालकनी, कमरा, बाथरूम, झूले पर शायद मम्मा को ढूंढा होगा...

पापा उनके साथ खेलने लगते हैं, थोड़ा घुमाते हैं, पापा खुद थके हुए हैं तो लेट जाते हैं. भाईसाहब घरभर में घूम रहे हैं, दिन में नहीं सोए हैं तो नाना नानी सुलाने की कोशिश करते हैं और ये "टीवी देखना..." कह जोर जोर से रोने लगते हैं. आधे घंटे टीवी दिखाने के बाद पापा उन्हें सुलाने की कोशिश कर रहे हैं... "एक डायनासोर था... एक बेबी एलीफेंट था... एक टाइगर कब (Cub) था..." और जाने क्या क्या कहानियां... भाईसाहब "मम्मा... मम्मा..." कह सो जाते हैं.

रात (या सुबह) साढ़े चार बज रहे हैं... भाईसाहब यकायक से जाग जाते हैं... शायद कोई सपना देखा है. फिर "मम्मा के पास जाना है, मेरी मम्मा के पास जाना है..." कह बहुत तेज रोना शुरू कर देते हैं. इतना सारा कि देखने वाले के आंसू आ जाएं.

मनाने की पूरी कोशिश जवाब दे चुकी हैं. मम्मा को वीडियो कॉल लगाया जाता है. मम्मा डरी हड़बड़ाई सी उठी है, इतनी रात को कॉल देखकर... भाईसाहब को समझा रही है... "बेटा सो जाओ, सुबह आ जायेंगे... ऑफिस में बहुत काम है ना..." समझाते समझाते चुपके से खुद के आंसू पोंछ रही है.

भाईसाहब थोड़ा चुप होते हैं... पापा कंधे पर ले झुलाते हुए 'आओ तुम्हें चांद पर ले जाएं...' गाना सुनाते हुए सुलाते हैं... तकरीबन साढ़े पांच बजे सोते हैं.

मम्मा अभी भी जाग रही है. पापा फोन लगाते हैं, वो लगभग रो देने वाली है... न शौर्य को आसान है, न मम्मा को...

61.

#Day3

पापा ऑफिस के लिए निकल रहे हैं... भाईसाहब आते हैं, Shoelaces बांधना शुरू कर देते हैं. पापा उन्हें ढेर सारी पुच्ची करते हैं... "पापा दल्दी (जल्दी) आना, बनाना (Banana) लाना" ये डिमांड रखते हैं.

पापा शाम में जल्दी आना और बनाना लाना दोनों भूल गए हैं... नौकरी में समय पर वश नहीं होता है. पापा आते ही खेलना शुरू कर देते हैं.

भाईसाहब पापा को पेट के बल लिटाते हैं, पीठ पर एक तकिया रखते हैं फिर उसपर बैठ जाते हैं. पापा के दोनों हाथ पकड़ लिए हैं, जैसे हैंडल हों और "ऊं... ऊं..." की आवाज निकाल कहते हैं "पापा मेली मोटलसाइकिल." "पापा आप स्टाट (start) हो." अब मोटरसाइकिल बने पापा भी "ऊं... ऊं..." की आवाज निकाल रहे हैं.

15-20 मिनट तक मोटरसाइकिल चलती है. भाईसाहब मम्मा को याद करने लगते हैं. पापा "मोटरसाइकिल टनल (Tunnel) में जानी है, अंधेरा होने वाला है." कहते हैं, लाइट बंद कर दी जाती है.

पापा भाईसाहब को कंधे पर लिए हैं... दौड़ रहे हैं "ऊं... ऊं..." बोल साथ में मोटरसाइकिल की आवाज निकाल रहे हैं. भाईसाहब अर्धनिद्रा में आ गए हैं... धीमे धीमे मम्मा... मम्मा... बोल रहे हैं.

नाना उनके पैरों की मालिश कर रहे हैं, नानी उन्हें समझा रही है, पापा उनका फेवरेट खिलौना 'डंप ट्रक' ले आए हैं. पापा बगल में लेट गए हैं... भाईसाहब खिलौना पापा के पेट पर चलाते हुए सो जाते हैं.

इनके सोने के बाद पापा मम्मा को फोन करते हैं... मम्मा आंसू बहा रही है... पापा दिलासा देते हैं... इस तरह मुश्किल भरा तीसरा दिन भी निकल जाता है.

62.

#Day4

कहते हैं नानियां नाती-नातिन में बेटी का बचपन खोजती हैं. शौर्य की नानी को शौर्य से अगाध प्रेम है. वो जब भी रहती हैं, दिन भर कुछ न कुछ खिलाती रहती हैं, नया-नया बनाती रहती हैं. शौर्य थोड़े से बीमार पड़े नहीं कि अगली गाड़ी से सीधे चली आती हैं. उनका प्रेम अदभुत है.

उम्र के साथ धार्मिक सभी हो जाते हैं, किंतु धर्म का मर्म समझ उसे अपने व्यवहार, विचार और आचरण में बहुत कम समाहित कर पाते हैं, नानी उन बहुत कम लोगों में से एक हैं.

पापा के ऑफिस जाने के बाद भाईसाहब दिनभर नानी और भाई-बहन (ममेरे) के साथ खेलते रहते हैं. यशी चार वर्ष की है और अपनी उम्र के जितनी चुलबुली किंतु उम्र से अधिक समझदार. भाईसाहब कभी धोखे से भी मार दें तो भी वो प्यार करना नहीं छोड़ती.

ईशान आठ वर्ष के हैं, धीमे धीमे बड़े हो रहे हैं. उनकी गलती पर हम डांट भी देते हैं किंतु शौर्य के प्रति उन्हें अत्यधिक प्रेम हैं.

इनके साथ खेलते हुए भाईसाहब मम्मा को भूले रहते हैं. आज दिनभर से सब डांस कर रहे हैं, नाना-नानी वीडियो बना रहे हैं. पापा के लौटते ही नानी वीडियो दिखाती हैं.

आज चौथा दिन है, आज दिनभर में भाईसाहब ने मम्मा को कल से कम याद किया है, शायद Situation में ढल रहे हैं... वहां मम्मा भी धीमे धीमे एडजस्ट कर रही है.

नाना ने भाईसाहब की मालिश कर दी है, दिनभर हाइपर एक्टिव रहे भाईसाहब भी थके हैं... वे कहानी सुनते-सुनते बीच-बीच में मम्मा को याद करते हुए पापा के पास सो जाते हैं.

63.

#Day5

भाईसाहब बहुत सारा बोलते हैं, बहुत मीठा बोलते हैं. तोतली सी आवाज़ साफ़ होने लगी है, और भी प्यारी हो गई है. बहुत सी ख्वाहिशें हैं, बहुत सी डिमांड्स हैं. बहुत से लफ्ज़ गले में ही अटक जाते हैं, बहुत सी शिकायतें ज़ुबां पर आ जाती हैं तो सबकी हंसी छूट जाती है. मसलन पापा की शिकायत मम्मा से "मम्मा पापा को डांट दो न." मम्मा की शिकायत पापा से "मम्मा टीवी नहीं चला रही, पापा मम्मा को डांट दो न." करते रहे हैं.

हद तो अब हुई जब मम्मा पास नहीं हैं और ये पापा पर गुस्सा हो गए हैं. पापा की गोदी में चढ़कर पापा से कहते हैं- "पापा, पापा को डांट दो न." बेचारा बच्चा! पापा खुद को डांटने लगते हैं.- "पापा, ऐसा नहीं करते."

--

शाम में किसी बात पर यशी को उसके दादू (भाईसाहब के नानाजी) ने डांट दिया है. वो अनमनी होकर एक जगह बैठ गई है.

भाईसाहब देखते हैं, दौड़ के नानाजी के पास जाते हैं, हाथ मटकाकर कहते हैं- "नाना ऐसा नहीं करते... नहीं करते." ...और लौटकर दौड़ते हुए यशी के पास आते हैं, कहते हैं- "शशि दीदी, मैंने नाना को डांट दिया... मत रो."

इनकी प्यारी सी हरकत देख सबकी हंसी छूट जाती है.

64.

#Day6

पिछले पांच दिनों से हम भाईसाहब की मम्मा से कम से कम बात करा रहे थे, क्यूंकि बात करते ही ये रोना शुरू कर देते थे. लेकिन अगले दिन ही भाईसाहब मम्मा से मिल लेंगे इसलिए आज वीडियोकॉल पर इनकी बात मम्मा से करवाई जाती है.

मम्मा पूछती है: "बेटा याद आती है?" भाईसाहब सर मटकाकर 'हाँ' में जवाब दे देते हैं.

"बेटा मैं नहीं हूँ... लेकिन मैं कल आ जाउंगी." मम्मा कहती है.

भाईसाहब: "आप नहीं हो इसलिए शशि दीदी आ दई है, ईसान भैया आ दया है."

नन्ही सी जान और इतनी समझ!! मम्मा नहीं हैं, इसलिए भैया दीदी आ गए हैं, इन्हें ये पता है! पापा का इन्हें बहुत जोर से प्यार करने का मन होता है. पापा इन्हें उठाकर कर जोर से भींच लेते हैं. मम्मा अपनी कोरों के आंसू पोंछते हुए फ़ोन से "बाय... बाय" बोल रही है. पापा की आँखें भी भींग गई हैं.

परिस्तिथियां सबको अधिक समझदार बना देती हैं.... यहाँ तक की दो साल की नन्ही सी जान को भी!

65.

#Day7- The Last Day

भाईसाहब को सुबह से पता है कि वे मम्मा को लेने जायेंगे इसलिए सबेरे से ही बोलते हैं "मम्मा से बात करा दो न, मम्मा के पास चलो न..." पापा उन्हें समझाते हैं कि मम्मा अभी ऑफिस में है, थोड़ी देर में बात करेगी.

शाम में पापा भाईसाहब को लेकर निकले हैं, घर से निकलते ही यशी ने रोना शुरू कर दिया है कि शौर्य क्यों चला गया है. उसके दादू समझा रहे हैं. Actually, उन्हें भी वापस निकलना है.

भाईसाहब निकलते ही बोलते हैं "पापा, शशि दीदी तहाँ है?" पापा उनका ध्यान भटकाने उन्हें डंप ट्रक दिखाते हैं, रोड रोलर भी दिख जाता है. "पापा, वो देखो ट्रेक्टर" अब भाईसाहब को भी मजा आने लगा है.

भाईसाहब रोड से उतरे ट्रक को देखकर: "पापा डंप ट्रक टूट गया है, एम्बुलेंस को बुला दो न!"

पापा, फ़ोन हाथ में लेकर: "हेलो! एम्बुलेंस मैं शौर्य का पापा बोल रहा हूँ, एक ट्रक टूट गया है जल्दी आना."

भाईसाहब: "पापा ब्लू एम्बुलेंस को भी बुला दो."

पापा फ़ोन पर: "हेलो! ब्लू एम्बुलेंस आप भी आना."

पापा भाईसाहब से : "बेटा, फायर इंजन को भी बुला दूँ?"

भाईसाहब: "नहीं पापा वो तो टूट गई थी न. वो नहीं आयेदि." इन्हें याद है कि उनका फायर इंजन खिलौना टूट गया था!

पापा: "अच्छा!"

भाईसाहब एम्बुलेंस देखकर: "पापा वो देखो रेड एम्बुलेंस जा रही है... ऊँ... ऊँ... अब ट्रक ठीक हो जायेगा."

पापा को इनकी प्यारी सी बोली में ढेर सारी बातें सुन बहुत ही प्यार आता है. पापा दो-चार पुच्ची कर लेते हैं.

भाईसाहब मम्मा की ट्रेनिंग अकादमी पहुँच गए हैं. मम्मा को देखते ही तुरंत ही "मेरी मम्मा..." कह लिपट जाते हैं, ऐसे जैसे शाम को घर लौटी गाय से बछड़ा चिपकता है. जैसे पूरे हफ्ते भर का प्रेम समेट लेना चाहते हों. पूरे डेढ़ घंटे ऐसे ही चिपके रहते हैं.

मम्मा बोलती है "बेटा, ड्रेस चेंज कर लूँ?"

भाईसाहब गोदी में चढ़े, गले लगे लगे ही बोलते हैं, "नहीं... मम्मा नहीं..." और ये ममतामय मिलाप पूरे डेढ़ घंटे चलता है.

ऐसे चिपके हैं जैसे मम्मा और उनके बीच कोई नहीं आ सकता हो. पापा सामने खड़े हैं लेकिन पापा को जैसे भूल से गए हैं, भाईसाहब भी, मम्मा भी. पापा भी तो एक हफ्ते दूर थे, एक हग (Hug) तो उनका भी बनता है ना! लेकिन भाईसाहब कहते हैं "पापा... नहीं... नहीं... मम्मा... मेरी मम्मा है... मेरी मम्मा." पापा हंसी छूट जाती है.

मम्मा की दोस्त कहती हैं "मैम दु:खी हो रही थीं कि शौर्य ने उनके बिना रह कैसे लिया!"

इसके लिए पापा मन ही मन नाना नानी को शुक्रिया कहते हैं. पापा को इस बात पे आश्चर्य है कि मम्मा ने कैसे रह लिया! हालांकि अपने इमोशंस तो मम्मा ही बता सकती है.

उधर मम्मा कि आँखें भर आई हैं. वहां और भी मायें अपने छोटे-छोटे बच्चों को छोड़कर आई थीं और किसी के लिए भी ये आसान नहीं था.

भाईसाहब अब शॉपिंग करने निकले हैं, अपना फेवरेट एक्सकैवेटर खरीदते हैं और कहीं मम्मा थोड़ी सी भी अलग हुई कि बोलने लगते हैं "मम्मा... नहीं.. नहीं... जाना नहीं..." बेचारा बच्चा!!

पूरे टाइम मम्मा से चिपके हुए घर लौटे हैं और मम्मा से ही चिपक कर सो गए हैं. जैसे मम्मा को अब और कहीं भी नहीं जाने देना चाहते हों.

ऊ

मासूमियत के दिन

66.

#Part 1

भाईसाहब बहुत तेज भागते हैं. वो भागते भागते एक रूम से दूसरे रूम में जा रहे थे कि उनका पैर का अंगूठा दरवाजे में टकरा गया. ऐसा मुझे बहुत बार हुआ है, शायद आपको भी हुआ होगा, पैर की सबसे छोटी उंगली जबतब किसी भी चीज में टकराकर घायल हो जाती है और जो दर्द होता है न मां कसम! असहनीय होता है.

भाईसाहब के छोटे से पांव का छोटा सा अंगूठा! भाईसाहब बिलखने लगे हैं. पापा उन्हें झट से उठा लेते हैं और सहलाते हैं, लेकिन वे रोये जा रहे हैं. रोते रोते बोलते हैं "पापा... डॉक्टर... डॉक्टर..."

पापा: "हां बेटा, आप डॉक्टर बन जाना और फिर खुद से चोट ठीक कर लेना."

भाईसाहब रोते हुए: "पापा आप डॉक्टर बन जाओ ना... आप बन जाओ."

पापा मम्मा को हंसी आ जाती है.

पापा: "बेटा, दादू हैं न, उनसे दवा पूछ लेते हैं."

भाईसाहब: "नहीं, आप डॉक्टर बन जाओ."

बेचारे पापा अब इस उम्र में नीट (NEET) की तैयारी करें! पापा आयोडेक्स लाते हैं, इनके नन्हे पांव पर कुछ देर तक मलते हैं... और भाईसाहब पापा की मेहनत देख कह देते हैं, "पापा तीक हो गया... तीक."

पापा मुस्कुराते हैं और भाईसाहब साथ में मुस्कुरा देते हैं. बाप जैसे नन्हे बेटे की नज़र में डॉक्टर बन गया हो!!

67.

#Part 2

भाईसाहब बड़े हो रहे हैं और धीमे धीमे बातें भी ज्यादा करने लगे हैं और आपके वाक्यों में से Phrases (वाक्यांश) भी पकड़ने करने लगे हैं. धीमे-धीमे अक्ल भी आ रही है और जिस मासूमियत से आ रही है उसपर आपको इनपर बहुत सारा प्यार आता है साथ ही बहुत सारी हंसी.

मम्मा को '...क्यों शौर्य' वाक्यों के अंत में बोलने की आदत है. जैसे बोलेगी "आम खा लिया जाए, क्यों शौर्य?" या "आपको बाहर जाने के लिए तैयार कर दें. क्यों शौर्य?"

हम फर्स्ट फ्लोर पे रहते हैं, एक दिन भाईसाहब को नीचे खेलने जाना है. भाईसाहब मम्मा का हाथ पकड़े हैं और कहते हैं "मम्मा, नीचे चलो... क्यों मम्मा... क्यों मम्मा!"

ऐसे ही पापा बातों बातों में कह देते हैं '...और बताओ शौर्य' ऐसे ही इनके नानाजी बातों-बातों में कभी-कभी कहते हैं 'क्या हालचाल... सब ठीक शौर्य?'

पापा ऑफिस के लिए जूते पहन रहे हैं, भाईसाहब सामने खड़े हैं, पापा कहते हैं "...और बताओ शौर्य." भाईसाहब पहले हाथ मटकाते है फिर नानाजी के जैसे हाथ पीठ के पीछे फोल्ड करते हैं और पापा को दुहराते हुए कहते हैं "औल बताओ पापा... ता हालचाल... छब ठीक है..."

68.

#Part 3

पापा भाईसाहब से बोलते हैं: "आप बहुत बदमाश बच्चे होते जा रहे हो शौर्य."

भाईसाहब : "आप बहुत बदमाश पापा होते जा लहे हो पापा."

पापा भाईसाहब को गले लगकर प्यार करते हुए : " मेरा प्यारा सा नन्हा मुन्ना बच्चा."

भाईसाहब पापा के गाल पर प्यार से हाथ फेरते हुए अपनी टूटी फूटी भाषा में : "मेले प्याले से मुन्ने मुन्ने पापा."

69.

#Part 4

भाईसाहब को मम्मा स्टोरी सुना रही है "एक बार भालू की कुल्हाड़ी टूट गई, वो रो रहा था. बंदर आया, बोला कि कभी भी रोते नहीं हैं सॉल्यूशन ढूंढते हैं. और उसने मदद कर के कुल्हाड़ी ठीक कर दी. भालू खुश हो गया."

भाईसाहब पापा के पास आते हैं. उंगली दिखा दिखाकर समझाते हुए कहते हैं "पापा तभी भी लोना नहीं. लोना नहीं है. छोलूशन ढूंढते है छोलूशन."

70.

#Part 5

भाईसाहब दूध नहीं पी रहे हैं. मम्मा बोलती है "पापा से कंपटीशन है, चलो जल्दी पियो देखते हैं कौन फर्स्ट आता है."

भाईसाहब गट गटकर सारा दूध खत्म कर देते हैं.

अरे वाह! आप तो फर्स्ट आ गए! पापा मम्मा बोलते हैं.

भाईसाहब खुश हो गए हैं, हहाहा.... हंसने लगते हैं.

"पापा, तलो आप भी पी लो." भाईसाहब पापा का हाथ पकड़ गिलास मुंह की तरफ करते हैं.

पापा भी अपना दूध खत्म कर देते हैं. भाईसाहब पूछते हैं "पापा, पी लिया?"

पापा 'हां' में जवाब देते हैं और भाईसाहब चहकते हुए मम्मा से कहते हैं "मम्मा देखो पापा भी फस्त आ गए."

पापा सोचते है अगर दुनिया भाईसाहब के हिसाब से चलने लगे तो कितनी सुंदर न हो जाए! न को आगे, न कोई पीछे. सबके सब फर्स्ट!

71.

#Part 6

भाईसाहब कुछ अच्छा करते हैं तो मम्मा 'शाबाश' बोलकर पीठ ठोक देती है.

एक बार भाईसाहब आए और पीठ दिखाकर कहते हैं "पापा मुझे छाबास बोलो."

पापा पीठ ठोककर शाबाश बोलते हैं, फिर पूछते हैं "आपने क्या अच्छा किया?"

"पापा, मैंने वॉशरूम में सुसु किया."

पापा भोली सी सूरत को चुम्मी दे देते हैं.

ऋ

पापा के पत्र

72.

#FirstLetter

जब भी तुम्हें स्कूल छोड़ने जाता हूं और स्कूल के गेट से ही तुम रोने लगते हो मुझे बहुत स्ट्रांग होना पड़ता है. तुम्हें छोड़ अपनी भीगीं कोरें लिए मैं चुपचाप लौट आता हूं. जब मैं बोर्डिंग गया था बहुत रोया था. हर दिन स्कूल के मेन गेट पर खड़ा होता था, तुम्हारे दादाजी के इंतजार में. तुम्हारे दादा जी बड़े स्ट्रांग थे मैं थोड़ा-थोड़ा धीमे-धीमे बन रहा हूं लेकिन एक बात जो मैं तुम्हारे साथ नहीं होने देना चाहता वह है 'अकेलेपन का एहसास' और बोर्डिंग के शुरुआती दिनों की खरोंचें जो मेरे साथ हमेशा के लिए रह गई है. मैं नहीं चाहता तुम्हारे साथ भी स्कूल के शुरुआती दिन की यादें आंसू वाली हों. शायद इसलिए भी मम्मा के कहने के बावजूद मैं तुम्हें पकड़ने चला जाता हूं, गले लगा लेता हूं.

लाइफ साइकिल का कॉन्सेप्ट कितना सही है ना! जो हुआ है वह आगे भी होना है और in-between हमें As a Human Grow करना है और इसके बीच हमने क्या क्या गलतियां की हैं हमें हिस्ट्री सिखाती है.

...और इतना कुछ समझ जाने के बावजूद भी यदि आंसू आ रहे हैं तो प्रेम शायद समस्त ज्ञानों के ऊपर है.

पिता कभी अपना प्रेम जाहिर नहीं कर पाते, मां की तरह... हमेशा पापा बनने की कोशिश करते रहते हैं, सख्त बनने की कोशिश... सख्त दिखने की कोशिश... मैं भी सख्त होने की कोशिश कर रहा हूं... अपने आंसू छिपाने की कोशिश कर रहा हूं... लेकिन लिख रहा हूं कि कल जब जता न पाऊं तो तुम समझ सको कि तुम्हारे पापा भी मम्मा की तरह प्यार करते हैं... उतना ही... बिल्कुल उतना ही.

मैंने जो पिताओं के द्वारा लिखे प्रसिद्ध पत्र पढ़े उनमें से एक अब्राहिम लिंकन का है जो उन्होंने अपनी संतान के टीचर के लिए लिखा था... उसका सार मैं एक दिन तुम्हें सुनाऊंगा और दूसरे नेहरू जी के द्वारा इंदिरा गांधी के लिए जेल से लिखे पत्र हैं जो 'Glimpse of World History' नाम से पुस्तक के रूप में जमा किए गए हैं.

मैं भी तुम्हें बताना चाहूंगा कभी कि इतिहास ने क्या-क्या सीख भविष्य के लिए दी थी और क्या-क्या हम अभी तक सीखे नहीं है. इवोल्यूशन की प्रक्रिया में हिस्ट्री का कितना महत्व है बताना चाहूंगा. मैंने जो अबतक जिंदगी से सीखा उसे भी बताना चाहूंगा. शायद समझा भी पाऊं.

तुम्हारे पापा.

73.

#SecondLetter

तुम स्वतंत्रता दिवस प्रोग्राम की तैयारी कर रहे हो. यूट्यूब से वीडियो देख वाकई बहुत अच्छा कर रहे हो. हम दोनों तुम्हें देख रहे हैं और हमारे लिए बड़ा इमोशनल मोमेंट होता है. तुम्हारा डांस, हर एक एक्ट, हरकत वाकई बहुत प्यारी है. हम दो-तीन बार तुम्हारे वीडियो बनाते हैं.

14 अगस्त को कल्चरल प्रोग्राम है, तुम स्कूल पहुंचते ही रोने लगते हो, हमेशा की तरह. मैं कोशिश करता हूं पर तुम चुप ही नहीं होते. पहला परफॉर्मेंस प्ले के बच्चों का ही है और तुम रोते हुए स्टेज पहुंचते हो. मैं इमोशनल हो जाता हूं और तुम्हें स्टेज से उतार गोद में ले लेता हूं.

ऐसा अक्सर होता है, हमारे पूर्व की तैयारी अच्छी होती है पर कभी-कभी मुख्य परफॉर्मेंस के समय ऐसा नहीं हो पाता... कभी-कभी कुछ-कुछ Unexpected घट जाता है, जिसके लिए हम तैयार नहीं होते हैं.

ऐसा इस तरह का है जैसे Fully Prepared सचिन का टेनिस एल्बो के कारण खेल नहीं पाना या किसी डांसर के पैर में परफॉर्मेंस से जस्ट पहले चोट आना.

तुम बड़े हो जाओगे तो समझोगे कि जिंदगी जीत नहीं है, हमेशा बेहतर परफॉर्मेंस नहीं है, हमेशा फॉर्म में रहना नहीं है. जिंदगी अपने Highs और Lows को एंजॉय करना है. दोनों जगह पर, दोनों बार कुछ-कुछ सीखना है. Lows में बेहतरी की नई कोशिश और Highs में बेहतरी की और अधिक कोशिश!

मुझे मेरी पहली परफॉर्मेंस याद है. मैं तब करीब 4 साल का था. (तुम ढाई साल के भी नहीं हो, शायद तुम्हें याद भी ना रहे.) स्कूल में परफॉर्मेंस थी. मुझे "मछली जल की रानी है..." स्टेज पर जाकर बोलना था. मैं स्टेज पर बस सर खुजलाता रह गया. मैं भूल ही गया कि क्या बोलना था. कुछ दूर पर अतिथि के रूप में स्टेज पर बैठे तुम्हारे दादाजी से बोलता हूं कि "पापा, सर खुजला रहा है." और वो हंसने लगे. जबकि ऐसा था भी नहीं. बस नर्वस होने के कारण ऐसा कर रहा था.

तुम्हारे दादाजी ने इस घटना का जिक्र कभी किया नहीं और स्कूल में मुझे बिल्कुल Stage Fear नहीं था. अच्छा स्टेज परफॉर्मर था.

Lows शायद किसी धावक का दौड़ने के पहले झुककर अपना पैर पीछे करना है. Highs एक सीढ़ी चढ़ अगले की पुनः तैयारी करना है.

ओशो अपने प्रवचन में कहते हैं कि "भगवान महावीर ने कहा है आप जैसा/जो बनना चाहते हैं वैसा/वो सोचना शुरू कर दो." मजेदार बात ये है कि 2600 साल बाद ब्रह्माकुमारी सिस्टर शिवानी भी बिल्कुल यही बात बोलती हैं.

दौ हजार छः सौ साल बाद भी फिर से वही बात क्यों बोलनी पड़ रही है? ज्ञान का पुनः प्रसारण क्यों जरूरी है? एकाग्रता क्या है? किसी और पत्र में बताऊंगा...

तुम्हारे पापा.

74.

#ThirdLetter

यह पत्र तुम्हें मैं इसलिए लिख रहा हूँ कि तुम समझ पाओ कि शिक्षक कौन है और वो जीवन में महत्वपूर्ण क्यों होता है. मैंने पहले पत्र में लिखा कि पिताओं के द्वारा लिखे खतों में मैंने अब्राहम लिंकन द्वारा शिक्षक को लिखा पत्र और नेहरू जी द्वारा इंदिरा गाँधी को लिखे पत्र प्रसिद्द हैं. मैं आज अब्राहम लिंकन द्वारा अपने पुत्र के शिक्षक को लिखा पत्र सुनाता हूँ. जब तुम इसे समझोगे तो समझ जाओगे कि लगभग डेढ़ सौ साल बाद भी यह पत्र क्यों प्रासंगिक है और क्यों माँ को बच्चों की प्रथम शिक्षक कहलाती है.

प्रिय शिक्षक,

मेरा बेटा आज से स्कूल की शुरुआत कर रहा है. कुछ समय तक उसके लिए यह सब अजीब और नया होने वाला है और मेरी इच्छा है कि आप उसके साथ बहुत नरमी से पेश आएं. यह एक साहसिक कार्य है. मुमकिन है यह एक दिन उसे महाद्वीपों के पार ले जाए. जीवन के वह सारे रोमांच, जिसमें शायद युद्ध, त्रासदी और दुख भी शामिल हों. इस जीवन को जीने के लिए उसे विश्वास, प्रेम और साहस की जरूरत होगी.

तो प्रिय शिक्षक, क्या आप उसका हाथ पकड़कर उसे वह सब सिखाएंगे, जो उसे जानना होगा, जो उसे सीखना होगा. लेकिन थोड़ा नर्मी से, मुहब्बत से. अगर आप यह कर सकते हैं तो. उसे सिखाएं कि हर दुश्मन के साथ एक दोस्त भी होता है. उसे सीखना होगा कि संसार में सभी मनुष्य न्याय के साथ नहीं होते, कि सभी मनुष्य सच्चे नहीं होते. लेकिन उसे यह भी सिखाएं कि जहां

दुनिया में बुरे लोग हैं, वहीं एक अच्छा हीरो भी होता है. जहां कुटिल नेता हैं, वहीं एक सच्चा समर्पित लीडर भी होता है.

यदि आप कर सकते हैं तो उसे सिखाएं कि अपनी मेहनत से कमाए गए 10 सेंट का मूल्य मिले बेगार में मिले एक डॉलर से कहीं ज्यादा है. उसे सिखाएं कि स्कूल में चीटिंग करके पास होने से कहीं ज्यादा सम्माननीय है फेल हो जाना. उसे सिखाएं कि कैसे शालीनता से हार को स्वीकार करना है और जब जीत हासिल हो तो कैसे उसका आनंद लेना है.

उसे सिखाएं मनुष्यों के साथ नर्मी और कोमलता से पेश आना. उसे कठोर लोगों के साथ थोड़ा सख्त होना भी सिखाएं. यदि आप कर सकते हैं तो उसे ईर्ष्या से दूर रखें. उसे शांत, सरल और गहरी हँसी का रहस्य सिखाएं. यदि आप कर सकते हैं तो उसे सिखाएं कि जब वह दुख में हो कैसे मुस्कुराए. उसे सिखाएं कि आंसुओं में कोई शर्म की बात नहीं है. उसे सिखाएं कि असफलता में भी गौरव और सफलता में भी निराशा हो सकती है. उसे पागल सनकियों का उपहास करना सिखाएं.

यदि आप कर सकते हैं तो बताएं कि संसार की किताबों में कितने अनंत रहस्य छिपे हैं. लेकिन साथ ही उसे आकाश में पक्षियों, धूप में मधुमक्खियों और हरी पहाड़ी पर फूलों के रहस्यों के बारे में सोचने-विचारने का भी वक्त दें. उसे अपने विचारों में विश्वास करना सिखाएं, भले ही हर कोई उसे गलत क्यों न कह रहा हो.

मेरे बेटे को यह शक्ति देने की कोशिश करें कि जब सब लोग एक दिशा में जा रहे हों तो वह भीड़ के पीछे न चले. उसे सिखाएं कि उसे हरेक की बात सुननी चाहिए. लेकिन साथ ही उसे यह भी सिखाएं कि वह जो कुछ भी सुन रहा है, पहले उसे सत्यता की छलनी से छाने और फिर जो अच्छा लगे, उसे ग्रहण करे.

उसे अपनी प्रतिभा और अपने दिमाग को सबसे ऊंचे दामों पर बेचना सिखाएं लेकिन यह भी सिखाएं कि वो कभी किसी भी कीमत पर अपने दिल और अपनी आत्मा का सौदा न करे. उसे अधीर हो सकने का साहस दें, लेकिन साथ ही उसे धैर्यवान होने की सीख भी दें. उसे सिखाएं कि हमेशा अपनी आत्मा की उदात्तता और गहराई में यकीन करे क्योंकि तभी वह मनुष्यता और ईश्वर की उदात्तता में भी यकीन कर पाएगा.

यह मेरा आदेश है प्रिय शिक्षक, लेकिन देखें कि आप सबसे बेहतर क्या कर सकते हैं. वह इतना प्यारा छोटा बच्चा है और वह मेरा बेटा है.

आपका,

अब्राहम लिंकन

ये जो भी पत्र में लिखा हुआ है तुम बड़े होते हुए पाओगे कि यही मानवमूल्य हैं जिनकी समाज को जरुरत है. यही मानवमूल्य जो भी शिक्षक तुम्हें सिखा पा रहा है वही तुम्हारा असली शिक्षक है. प्रत्येक माँ अपनी संतान को उच्च मूल्यों के साथ, अच्छी नैतिकता के साथ बड़ा करती है. वो तमाम कोशिशें करती है जिससे उसकी संतान एक मनुष्यतर मनुष्य बन पाए. इसलिए ही तो माँ को प्रथम शिक्षक कहा जाता है! तुम बड़े होते होते समझोगे कि तुम्हारी मम्मा प्रतिदिन कितने प्रयास करती है. मैं कभी कभी कमजोर पड़ जाऊं लेकिन वो तुम्हारे लिए जरूरतन कठोर होने से भी नहीं चूकती.

आगे किसी पत्र में बताऊंगा कि महात्मा गाँधी का स्वतंत्रता आंदोलन कैसे सिर्फ स्वतंत्रता नहीं बल्कि समाजिक विकास और भारत के लोगों में उच्च मानव मूल्यों के प्रसार का आंदोलन भी था और उसकी छवि संविधान, विशेषत: संविधान की प्रस्तावना और मौलिक अधिकारों में कैसे दिखती है

और ये भी कि अब्राहम लिंकन और महात्मा गाँधी अपनी मृत्यु (हत्या) के इतने वर्षों बाद भी क्यों प्रासंगिक हैं.

तुम्हारे पापा.

75.

#FourthLetter

जन्माष्टमी पर तुम्हें कृष्ण बनाते हुए मैं सोच रहा हूँ कि अगर ईश्वर से मैं तुम्हारे लिए और तुम्हारे जैसे नन्हे-मुन्ने कृष्ण-राधाओं के लिए प्रार्थना करूँगा तो क्या करूँगा? पेशे से शिक्षक लेखिका बाबुषा कोहली ने अपने छात्रों के लिए एक प्रार्थना की है-

"ऐसी शिक्षा-प्रणाली का अंत हो, जहाँ आंतरिक जीवन-मूल्यों के ऊपर महत्वाकांक्षी परियोजनाओं और गलाकाट प्रतिस्पर्धा पर केंद्रित पाठ्यक्रम हो.

तरह तरह के रंग बिरंगे उन ईश्वरों की विदाई हो, जिनका अस्तित्व जब-तब संकटग्रस्त होता है.

मनुष्यों के सर पर पांव रख पताका फहराने वाली श्रेष्ट-बोध से ग्रसित प्राचीन संस्कृतियां विलीन हों.

आत्म-विकास की प्रक्रिया में अन्य को हेय मानने वाले साधक-योगी सेवानिवृत्त हो.

व्यव्हार में छद्म का नाश हो.

शक्ति की लोलुपता का लोप हो.

विचारों का पाखंड खंड-खंड हो.

पृथ्वी एक बड़े घास मैदान में बदल जाए.

बच्चों का राज हो. खेल हों, धुन हो, झगडे हों, कट्टिसे हों,

सीखें हों, झप्पी हो. नदियां हों, पहाड़ हों, परिंदे हों.

महज नर-मादा न हों.

प्रेम में मुक्त स्त्री हो. प्रेम में युक्त पुरुष हो.

विकास की सभ्यता नहीं, सभ्यता का विकास हो.

पुलिस फौज की आवश्यकता न हो, सरहद न हो.

प्रकृति की सत्ता हो.

जीवन खोज हो. "

कितनी सुन्दर प्रार्थना है. तुम्हारे लिए भी शायद यही प्रार्थना करता या शायद इससे आगे उन मानवमूल्यों की भी प्रार्थना करता जो स्वतंत्रता आंदोलन की आत्मा थे. वे मूल्य जो नेहरू जी ने संविधान बनाने से पूर्व उद्देशिका में पेश किये थे जो बाद में संविधान की प्रस्तावना में सम्मिलित हुए और संविधान की आधारशिला बने.

"सामाजिक, आर्थिक और राजनीतिक न्याय का उद्बोधन,

विचार, अभिव्यक्ति, विश्वास, धर्म व उपासना की स्वतंत्रता का उद्बोधन,

प्रतिष्ठा और अवसर की समता का मूल्य, बंधुत्व का उद्बोधन,

और उससे ऊपर पंथनिरपेक्षता और लोकतंत्र का उद्बोधन. "

यही तो वे मूल्य हैं जो मनुष्य को मनुष्यतर बनाते हैं. मानव को मानव मात्र से प्रेम करना सिखाते हैं. जाति-धर्म से परे, अमीरी-गरीबी से परे, किसी भी विषमता से परे, हमें मात्र मानव बने रहना सिखाते हैं. मानव मात्र के लिए

समस्त न्यायों की बात करते हैं. बाबुषा की प्रार्थना और प्रस्तावना के उद्बोधन कितने मिलते जुलते हैं न!

अगर इन्हीं मानवमूल्यों के आधार पर किसी राज्य का विकास हो पाय तो क्या वो आदर्श राज्य न होगा? होगा, आदर्श नागरिकों का आदर्श राज्य!

मुझे नहीं पता कि आदर्श राज्य का स्वप्न पूर्ण होगा या नहीं किन्तु मैं कोशिश करूँगा की तुम्हें एक बेहतर नागरिक जरूर बना पाऊं और चाहूंगा की समस्त नन्हें मुन्ने राधा-कृष्ण भी बेहतर मनुष्य बनें और मिलकर एक बेहतर भविष्य गढ़ पाएं.

तुम्हारे पापा.

76.

#FifthLetter

तुम मोशन सिकनेस की वजह से वॉमिट किए जा रहे हो और वो तुम्हें गोद में बिठाए हुए है. वो तुम्हारी वॉमिट से पूरा भीग गई हैं. खुद को पेपर नैपकिन से क्लीन करने की कोशिश करती है, लेकिन कितना ही कर पाती है! कपड़े चेंज करने के लिए कोई ढंग की जगह नहीं है . पूरे डेढ़ घंटे तक ऐसे ही गीली और बदबू सहती बैठी रहती है. मुझे लगने लगा है कि माएं इस ग्रह से नहीं हैं, कहीं और से आई हैं. इतना निश्छल प्रेम! संतान के लिए इतना सब कुछ..!

ऐसे ही मैं बोर्डिंग में था और तुम्हारी दादी बिना गैप किए हर इतवार मिलने आती थी. पूरे रास्ते उल्टी करते हुए!

वो आती थी और खुद से खाना खिलाकर ही चैन लेती थी.

अधिकतर भारतीय अस्पताल पिता को डिलीवरी के वक्त लेबर रूम में नहीं आने देते हैं. मुझे भी नहीं जाने दिया गया था. किंतु तुम्हारी मां ने किस पीड़ा का अनुभव किया होगा उसकी एक झलक मुझे तब अनुभव हुई जब रूम में शिफ्ट होते-होते स्ट्रेचर से खड़ी हुई और वह भरभराकर के गिर गई! विज्ञान कहता है कि लेबर पेन किसी हड्डी टूटने से भी कई गुना ज्यादा दर्दनाक होता है.

मांओं का तप, त्याग, ममत्व कई लोगों ने लिखा है किंतु जितना भी लिखा जाए मुझे हमेशा कम लगता है. वे अमेजिंग हैं. एक लड़की मां बनते ही पता नहीं कैसे, कहां से अपार शक्ति और समझदारी से भर जाती है!

मैं तुम्हारी मां को तुम्हारा ख्याल रखते देखता हूं और सोचता रहता हूं कि ऑफिस और उसके बाद भी इतनी ऊर्जा के साथ वो सारा कैसे कर लेती है!

किसी ने लिखा था 'स्त्री काम से लौटने के बाद भी काम पर ही लौटती है.' मैं नहीं चाहता कि तुम्हारी मां के साथ ऐसा हो. भरसक कोशिश करता हूं ऐसा नहीं हो. लेकिन मां के रूप में जब वह वापस लौटती है तो वह थकती नहीं है. शायद मां होना 'काम' होना नहीं होता है!

मैं तुम्हें गोद में लिए बार-बार वॉमिट से सरोबार तुम्हारी मां को देख रहा था. तुम्हारे प्रति उसका प्रेम महसूस कर रहा था. अपनी मां को भी याद कर रहा था. घर से छूटते हुए उनका चेहरा मेरी आंखों में अक्सर रह जाता है. बहुत कुछ है जो मैं जता नहीं पाता. मुझे कुछ कुछ पुरुष बनाने में शायद समाज सफल तो रहा ही है!

मर्द इमोशंस जाहिर नहीं करते. मर्द रोते नहीं हैं. मर्द परिवार का बोझ लिए ही चलते हैं! उफ! जाने क्या-क्या. उफ! ब्लडी सोसायटी!!

यह मेरा लिखा दुनिया के तमाम पिताओं के लिए, इस उम्मीद के साथ की वे थोड़े और अधिक मां होते जाएंगे. मुझे लगने लगा है कि दुनिया स्त्री से कोमलता और मां से प्रेम लेकर ही बेहतर हो सकती है!

तुम्हारे पापा

77.

#SixthLetter

मैं अपने एक मित्र से पूछता हूं "क्या बड़ा होकर शौर्य इन पत्रों को पढ़ेगा? पढेगा तो क्या रिएक्ट करेगा?" "अरे! वह बड़ा खुश होगा. तुमने बहुत सारी अच्छी बातें उसे समझाने की कोशिश की है."

मैं मुस्कुराता हूं. उन्हें कितनी भारी पड़ी है ज्ञान से, ढेर सारी किताबों से, शक्यमुनि से लेकर मंडेला तक के उदाहरण से. नोबेल शांति पुरस्कार सम्मानित हर व्यक्ति एक नया उदाहरण रख देता है. फिर भी क्या बदल गए लोग? अहिंसा! अहिंसा! अहिंसा! समझाते समझाते 1915 से 1947 तक गांधी बत्तीस साल निकल देते हैं और अंत में हिंसा के शिकार होते हैं!

सोचते सोचते मैं अखबार पढ़ने लगता हूं और अखबार में नकारात्मक खबरें पढ़ते-पढ़ते मुझे लगने लगा है कि मनुष्य हिंसा के लिए ही बना है, हिंसा उसका मूल स्वभाव है! जो सीख वो तो महज किताबी ज्ञान है.

लेकिन मेरे कहे को खारिज करने जेहन में कई हजार उदाहरण खड़े हो जाते हैं! मानवता के उदाहरण, उम्मीद के उदाहरण... महज मंडेला ही प्रताड़ित करने वालों को माफ करते दिखते हैं और मानवता की उम्मीद में आंखों में आंसू ले आते हैं.

महज बुद्ध, महावीर ही खड़े होकर 2600 साल पहले Indian Plains (गंगा का मैदानी क्षेत्र) की तस्वीर बदल देते हैं. गांधी सही कहते थे हिंसा कायर है, अहिंसा के लिए मुझे एक व्यक्ति काफी है. लौ की तरह!

सती प्रथा खत्म करते राजा राममोहन राय है, लॉर्ड बेंटिक, दास प्रथा खत्म करते अब्राहम लिंकन, बराबरी का हक दिलाती संविधान सभा, छुआछूत मिटाते अंबेडकर, रंगभेद से लड़ते मार्टिन लूथर किंग जूनियर किसी लौ की तरह दिखते हैं.

पी. साईनाथ को सुन रहा हूं. वह कहते हैं "I get very offended when people make list of freedom fighters and do not include Baba Saheb Ambedkar. As a freedom fighter he launched the greatest battle on the face of the Earth for human dignity (fight against untouchability). That's freedom (struggle). Justice for all, social, political, economic. That's freedom (struggle). Directive principles of State policy talk about education, nutrition to children. That's freedom (struggle)." [मुझे बहुत दुख होता है जब लोग स्वतंत्रता सेनानियों की सूची बनाते हैं और उसमें बाबा साहब अंबेडकर को शामिल नहीं करते. एक स्वतंत्रता सेनानी के रूप में उन्होंने मानवीय गरिमा (छुआछूत के खिलाफ लड़ाई) के लिए पृथ्वी पर सबसे बड़ी लड़ाई शुरू की. यही आज़ादी (के लिए संघर्ष) है. सामाजिक, राजनीतिक, आर्थिक सभी के लिए न्याय. यही आज़ादी (के लिए संघर्ष) है. राज्य के नीति निर्देशक सिद्धांत बच्चों को शिक्षा, पोषण की बात करते हैं. यही (आज़ादी के लिए संघर्ष) है.]

बाबा अंबेडकर के सारे संघर्ष अहिंसक थे. नीतिगत, कानूनी और नैतिक... और साथ ही 2000 साल के भारतीय इतिहास में में सबसे असरदार और प्रभावी भी!

मानव सभ्यता में वे आंदोलन ही तो महान है जो Human Dignity (मानवीय गरिमा) और Equality (समानता) के लिए लड़े गए हों. इसलिए भारतीय स्वतंत्रता आंदोलन भी, क्योंकि वह एक सामाजिक सुधार आंदोलन भी था.

हजारों उदाहरणों को पढ़ने के बाद तुम भी इस नतीजे पर पहुंचोगे की मनुष्य प्रेम और समरूपता के लिए बना है. प्रेम और महज प्रेम! अहिंसा का मौलिक भाव प्रेम है. मैं भी इसी नए नतीजे पर पहुंचा हूं. बस हिंसा के उदाहरण हमेशा हमें ज्यादा दिखलाए जाते हैं, अखबारों में ज्यादा आते हैं.

यह 2023 है भारतीय पत्रिका के प्रथम पुरुष राजा राममोहन राय ने 200 वर्ष पहले 1822 में मिलात-उल-अखबार निकाल भारतीय पत्रिका को सही अर्थों में प्रारंभ किया था. किसी अन्य पत्र में उनके बारे में भी...

तुम्हारे पापा.

ए

78.

भाईसाहब पापा से बोलते हैं "पापा, पालवती गालडन तलें?" पापा व्यस्त हैं, सुन नहीं पाते हैं.

भाईसाहब पास आते हैं, पापा को झकझोरते हैं "पापा तलो..."

"कहां चलना है शौर्य?"

"पापा, पालवती गालडन तलें, पापा." भाईसाहब रिपीट करते हैं.

"ओके" पापा बोलते हैं और भाईसाहब आश्वस्त हो जाते हैं.

दस मिनट बाद भाईसाहब पापा के पास फिर आते हैं "पापा तलो."

पापा सुनते नहीं हैं. भाईसाहब और पास आते हैं. शायद अब भाईसाहब गुस्सा हो गए हैं. पापा का हाथ पकड़ते हैं और कहते हैं "पापा, मैं आपतो डांट दूंगा."

बेचारे पापा डर गए हैं, अपना काम छोड़ कर भाईसाहब को लेकर मम्मा के साथ गार्डन जा रहे हैं.

79.

भाईसाहब की मम्मा की तबियत ठीक नहीं है, वो 'कुछ भी हो जाये, मुझे मत जगाना' कह बैडरूम का दरवाजा बंद कर सोने चली गई है. पापा 'भूकंप आया, भागो! भागो!' कहकर जगाना चाहते हैं, पर बेचारी की तबियत का हाल देख 'ओके' कह देते हैं.

अब भाईसाहब और पापा अकेले हैं. भाईसाहब टीवी लगाने की जिद करते हैं पापा थोड़ी देर के लिए लगा देते हैं, साथ में दूध पिलाना शुरू करते हैं. भाईसाहब का हाथ पड़ता है और आधा दूध बिखर जाता है. "पापा सोल्ली" भाईसाहब बड़े क्यूटली कहते हैं, पापा मुस्कुराते हैं.

अब भाईसाहब टीवी देख रहे हैं और पापा दूध साफ कर रहे हैं.

कुछ देर बाद पापा बहाने से टीवी बंद कर इन्हें दूसरे रूम में ले जाते हैं. इनका छोटा सामान जैसे मौजे, नीकैप, टाई एक बास्केट में रखे हुए हैं. वो बास्केट इनके हाथ लग जाती है. भाईसाहब एक एककर सारा सामान बेडपर बिखरा देते हैं. इन्होंने मौजे पहन लिए हैं और हाथ में भी मौजे ही पहने जा रहे हैं कि यकायक से चिल्लाते हैं 'पापा मेरे मौजे उतारो.' पापा मौजे निकालते हैं और ये तेजी से बेड के नीचे भागते हैं. "पापा मैंने पुट्टी कर ली." शुक्र है भाईसाहब ने डायपर पहना हुआ है, नहीं तो...

पापा क्लीन करा कर बेड पर लाये हैं और भाईसाहब फिर मौजों से खेलने में व्यस्त हो गए हैं.

पापा लाइट बंद करते हैं , 'आओ तुम्हें चाँद पर ले जाएँ... ' गाना लगाते हैं , भाईसाहब को थोड़ा डांटकर 'सो जाओ, सो जाओ...' बोलते हैं लेकिन भाईसाहब "नहीं पापा" कह खेलने में व्यस्त हैं.

पापा घड़ी देखते हैं, ग्यारह बज गए है. तभी बैडरूम का गेट खुलता है और मम्मा निकलकर कहती है "अरे जबतक माहौल नहीं बनाओगे तबतक ये कहाँ सोयेंगे. ऐसे तो दो बजा देंगे ये." मम्मा एक झपकी पूरी करने के बाद उठ गई है.

पापा माहौल नहीं बना रहे थे तो क्या तम्बूरा बजा रहे थे? हुंह!

पापा भाईसाहब को उठाकर बैडरूम ले जाते हैं , उन्होंने हाथ-पांवों दोनों में ही मौजे पहन रखे हैं!

"शौर्य सो जाओ चुपचाप, बाहर हाथी आ गया है, वो आ जायेगा... सो जाओ..." मम्मा थोड़ा डांटकर बोलती है.

भाईसाहब मम्मा से चिपककर दस मिनट में सो जाते हैं! पापा कभी भाईसाहब का चेहरा देख रहे हैं, कभी मम्मा का.

80.

भाईसाहब अपने ननिहाल गए हैं. उनकी यशी दीदी उन्हें बहुत प्यार करती है. वो अभी मात्र साढ़े चार साल की है लेकिन समझदारी और बातों में दादी हो चुकी है. दीदी और ढाई साल के भाईसाहब दोनों दिनभर खेलते रहते हैं.

भाईसाहब ने खेल खेल में दीदी को मार दिया है. वो रोने लगी है. भाईसाहब को मम्मा की डांट पड़ती है, लेकिन उनपर कोई असर नहीं है.

दीदी को रोता देख उसके दादू कहते हैं: 'यशी आप भी शौर्य को डांट दो.'

भोली सी दीदी जवाब देती है: 'दादू, बेचारा बच्चा है, अभी अक्ल नहीं है. रहने देते हैं. अक्ल आ जाएगी तो नहीं करेगा ऐसा.' साढ़े चार साल की यशी की बात सुनकर सबको हंसी आ जाती है.

इतनी सी यशी और इतना बड़ा दिल! दादू अब उसे गोद में ले प्यार कर रहे हैं. भाईसाहब को देखकर शायद जलन हो रही है. वो भी दौड़कर पहुँच गए हैं. 'नानू... नानू... मुझे भी.... दोदी (गोदी)... दोदी.'

81.

भाईसाहब ने सारे कपडे बेड पर फैला दिए हैं. मम्मा परेशान हो गई है. वे लेकिन समझ नहीं रहे हैं. पापा के आते ही उनसे शिकायत करती हैं: 'ये आजकल कुछ भी ऊधम कर रहे हैं और मम्मा की बात भी नहीं सुन रहे हैं.'

पापा भाईसाहब को गोद में लेते हैं. सोफे पर बैठते हैं और उनको समझाना शुरू करते हैं. 'बेटा, अच्छे बच्चे मम्मा का काम नहीं बढ़ाते हैं, उनकी मदद करते हैं. कपडे फैलाना नहीं है, जमाना होता है...'

यकायक से अपनी गर्दन मटकाकर भाईसाहब बोलते हैं 'बिलटुल (बिल्कुल)... बिलटुल पापा.'

अब पापा समझाने के लिए आगे कुछ बोल रहे हैं और भाईसाहब सिर हाँ में मटकाते हुए, पापा का चेहरा हाथों में लेकर 'बिलटुल... पापा बिलटुल...' बोल रहे हैं.

'बेटा ऐसे बच्चे... बिलटुल पापा...बिलटुल... अच्छे बच्चे... बिलटुल पापा... नहीं होते... होते हैं पापा, बुलटुल...'

यह दृश्य देख मम्मा की हंसी छूट जाती है. पापा भी हंसने लगते है.

उफ़! इस ढाई साल के बच्चे को कैसे समझाया जाए.

82.

भाईसाहब ने टीवी में देख-देख करके बोलना शुरू कर दिया है कि "पापा मैं पुलिस अंकल हूं." पापा-मम्मा इसे अपॉर्चुनिटी की तरह लेते हैं. भाई साहब से कहते हैं "बेटा पुलिस अंकल सु-सु वॉशरूम में जाकर करते हैं, आप भी जाया करना." "ओते पापा" भाईसाहब कहते हैं और अब से हमेशा ट्राई करते हैं कि पुलिस ऑफिसर के जैसे वॉशरूम में ही सु-सु जाएं.

एक दिन भाईसाहब सामने वाले घर में हैं. उन्हें वहां पर टीवी देखने की छूट है इसलिए उन्हें वहां मजा आता है. भाईसाहब टीवी देखते देखते बोलते हैं "मासी मुझे सु-सु आई." मासी उन्हें वॉशरूम की ओर ले जा रही हैं लेकिन भाईसाहब उंगली से इशारा कर कहते हैं "मैं वहां अपने घल में जाऊंगा." भाईसाहब को अब उनके घर में दौड़ के लाया जा रहा है लेकिन पहुंचते-पहुंचते ही वॉशरूम के गेट पर ही...

पापा भाईसाहब को फ्रेश पैंट पहना रहे हैं. भाईसाहब कहते हैं "पापा अब मैं ऑफिसल नहीं लहा."

पापा उन्हें मुस्कुराते हुए गले लगा लेते हैं. "बेटा जो अच्छा करने का ट्राई करते हैं न, वे सब ऑफिसर होते हैं."

अब भाईसाहब हंसने लगते हैं. पापा मम्मा भी खुश हैं. "मम्मा-मम्मा मैं पुलिस ऑफिसल बन दया... मैंने ट्रालाई तिया ना." भाईसाहब चहकते हुए बोलते हैं. पापा-मम्मा उन्हें प्यार कर रहे हैं.

83.

पापा पर भी वर्ल्डकप का भूत सवार है. पापा मैच देख रहे हैं. भाईसाहब आते हैं. टीवी का स्विच उनकी रीच में है. भाईसाहब टीवी स्विच ऑफ कर देते हैं, फिर पापा की तरफ देखते हैं- "पापा, आप भारी (बहुत ज्यादा) टीवी देख ले हो."

पापा को भाईसाहब की बात सुन हंसी आ रही है. थोड़ी देर में मम्मा के पास जाकर भाईसाहब ने यूट्यूब किड्स लगवा लिया है.

पापा थोड़ी देर बाद आते हैं. पापा- "अब मैं मैच देख लूं?"

भाईसाहब सीरियस हैं. टीवी पर चल रहे कार्टून की ओर इशारा कर कहते हैं- "नई पापा नई. ये मेला मैच है न, ये ही देखना है."

पापा बदला लेने चुपचाप इंटरनेट बंद कर देते हैं. अब बैकग्राउंड में भाईसाहब की 'टीवी गई... टीवी गई' की आवाज सुनाई दे रही है. 😀

84.

भाईसाहब क्लिप लेकर आए हैं "पापा मैं आपकी टी शर्ट सुखा दूं?" भाईसाहब ने पापा की टी शर्ट पर क्लिप लगा दी है.

पापा लेटे हुए हैं. भाईसाहब अपनी तोतली आवाज में कुछ बोलते हैं, जिसका सार है "पापा मैं आपके ऊपर सो जाऊंगा" भाईसाहब ने पूरी मेहनत कर उल्टा लिटा दिया है. अब वो पीठ पर लेट गए हैं. फिर खिलखिलाना शुरू कर देते हैं " पापा मैं आपके जैसे लेट गया... मैं आपके जैसे लेट गया."

फिर बैठकर पीठ बजाना शुरू कर दिया है. गा रहे हैं "व्हील्स ऑन द बस गो..."

पापा को हंसी आ रही है. पापा की पीठ पर जोर से धोल पड़ता है "पापा हंसते नहीं... नहीं हंसते."

भाईसाहब फिर से एक और धोल जमाएं उसके पहले ही पापा पलटी लेकर भाईसाहब को बेड पर गिरा देते हैं. 🌰

85.

तुमसे जब भी बात करता हूँ कुछ नया सीखता हूँ. जैसे मैं महज अबोध बालक हूँ और तुम ज्ञानी. जैसे सारा का सारा ज्ञान उड़ेल ईश्वर ने बच्चौं को भेजा हो. 'पापा, नहीं उसे जेल में बंद नहीं कलेंगे. वो सो लहा है न.'

'पापा चलो हम पुलिस अंकल बनेंगे...चोल पकलेंगे.' फिर झूठमूठ का पकड़ कर चहक जाना 'पकल लिया!' कितना कुछ है जो तुम सिखा जाते हो. खुद से खुश होना. 'खुद से चहक जाना. न फ़िक्र, न सोचना. बस हँसते जाना.'

तुम्हारी बातें तुमसे दूर रह भी याद करता हूँ न तो खुश हो जाता हूँ. तुम जब सुबह 'पापा... पापा...' कह उठते हो और चिपक जाते हो, सबसे सुहानी सुबह होती है. इन सुबहों को ज़िन्दगी भर के लिए सम्हाल के रखना चाहता हूँ. निधि कहती है 'ढाई साल पहले हम जी कैसे रहे थे इसके बिना?' मुझे भी एहसास होता है. पहले नहीं पता था लेकिन अब महसूस होता है कि क्यों लोगों को संतान कि इतनी चाहत होती है. मैं बस इसे पहले सोशल प्रेशर मानता था. लेकिन तुमने मुझे वो सिखाया जो शायद कोई और नहीं सिखा सकता था. तुमने मुझे वो महसूस कराया जो कोई और नहीं करा सकता था. वो ख़ुशी, वो एहसास जो और कहीं नहीं मिल सकता.

तुम्हारी माँ से मोहब्बत और तुम! दोनों ही कायनात के दिए सबसे हसीं तोहफे हैं. तुम्हारी तरह अगर इसका शुक्रिया अदा करूँ तो चहककर कहूंगा 'पापा चलो हम थैंकू बोलते हैं.' और हाथ जोड़ के ही चहक जाऊंगा 'बोल दिया.' ईश्वर इससे सुन्दर कौन सी ही प्रार्थनाएं प्राप्त करता होगा! और इनके अलावा किनका ही जवाब देता होगा!

तुम्हारा होना बस कितना सुन्दर है!

पाठक का पन्ना

पाठक का पन्ना

पाठक का पन्ना

www.ingramcontent.com/pod-product-compliance
Lightning Source LLC
LaVergne TN
LVHW061617070526
838199LV00078B/7314
9789359892535